因為有黑暗
我們才能在彼此
生命之裏靠岸
海苔熊

推薦序——

在不斷衝撞人生之後，往內心深處看，我們都有愛的能力

SoundOn 聲浪媒體科技資深製作人　王怡瑜

和海苔熊是因為聲浪的 Podcast 節目合作而認識，這個推薦序，則是寫在我離開聲浪的前夕，因此也是我和海苔熊的道別信。

過去的我，一直在做電視節目，因緣際會來到聲浪。和過去在做電視節目時的節奏、架構都不同，接下《海苔熊的心理話》之後，除了一邊探索 Podcast 的世界，更是一個自我療癒的過程，我也看到人生有很多問題，不必去向外尋求答案。

在一剛開始錄製 EP138「《桃太郎》面對人生挑戰的糯米飯糰子，你

找到了嗎？」這集內容的時候，海苔熊說了，有的人內心像是有個不安的裂縫，不論外界（可能是你的愛人）如何再三保證愛你，但這些能量，總在不經意之間，就從那個裂縫流失。為了獲得能量，你需要更多的保證，更多的安慰；但也因為如此，你沒辦法放過你愛的那個人，也無法放過自己。而很多心裡的黑洞，都是來自早期和父母之間的關係。那種覺得自己「不值得」的感覺，讓自己破裂不完整。我往自己的心裡看去，確實自己就是一個心中有裂縫的人，那個裂縫早在小時候就存在，但直到現在才被看到。這個看到是很重要的，尤其是讓自己看到自己真實的樣貌，才能去擁抱那個需要被承接的自己。

不論是從每一次海苔熊的節目內容，或是《因為有黑暗，我們才能在彼此生命裏靠岸》這本書，海苔熊爬梳了好多自己在親情上的體悟，也讓我有機會檢視和我自己女兒的關係：我們看著上一代因為種種原因，為生活所逼，沒有辦法和自己建立柔軟關係的父母，在失落之餘，也在心中刻劃了一道裂縫，消耗著我們的能量。但是當自己能揉捏另一個生命的未來時，我選擇了什麼？自己敢不敢堅強地跟女兒說：「我接受你所做的決定，你去衝撞你想要的未來，如果你受傷了，我會接住你。」如果我和女兒是這樣的關係，而不是：「你敢你就去試試看，受了傷不要怪我！」這樣，是不是大家都會很堅強，更勇敢的面對挑戰？

在海苔熊的另一個 Podcast 節目《就愛講幹話》，我曾經邀請命理老師簡少年來節目，簡少年說海苔熊有很多陰德紋，他本身是個焦慮的人，又很同情別人。當時聽老師這樣說，真的覺得海苔熊正是這樣的人。幫助別人的人，並不因為自己無憂無慮，而是心疼別人的煩惱和痛苦，把自己的困擾就放一邊了。還好他又是一個很聰明、腦筋動很快的人，也讓他如此體貼、細心的想法，透過快速的反應落實執行。也因此我們有幸可以聽到《海苔熊的心理話》、《就愛講幹話》，還有海苔熊自己其他的 podcast 節目，還有這樣一本給人溫暖的書。

從接這個節目，想讓海苔熊相信我是個好製作人，然後又自己揮袖離去，自己也在心裡罵道：「我真是個渣男來著！」不過四季運行，我們都是順著齒輪前進，該往哪裡，就往哪裡。我祝福海苔熊博班順利畢業，然後繼續豐富多重的斜槓。很高興在聲浪做到你的節目，那是改變我一生思考的重要轉折點。我相信你的人生還會為你的節目加入更多的精彩元素，我期待你的精彩人生，和蘊含更多歷練和人生反饋的心理話。

推薦序——

活出熠熠閃亮的人生

作家 宋怡慧

從無光到有光的旅程，我們要面對恐懼、懦弱的情緒，面對孤獨是每個人都會有過的生命經驗。過去，我曾過度在意別人對我的評價與眼光，陷入過度努力的泥淖。我認為身上的「負評」是因為不夠認真的結果。事實證明，無論我多麼奮進，不解「不喜歡」我的人還是不喜歡。花了很長的時間去認識自己、認同自己，不斷地相信：愛是內在就能豐沛流淌的活水，只要選擇「愛自己」，就能消弭不安、跨出侷限。接納自己之後，才能真正喜歡自己，進而擁有更大的能量去愛身邊的人。終於發現——人生無法面面俱到，只能問心無愧。那段時間的淬煉，因而學會選擇「放下」與「釋懷」的智慧。

書中提及：「心理諮商師也是人。既然是人，就有光明和黑暗的一面。」這對身為老師的我而言，是多麼溫暖的同理。無論各行各業，我曾在工作的長河裡遭逢人性之惡的波濤，經歷某些難言的苦難。但，一如海苔熊整本書帶給我們的深刻感悟——歲月送給我們的無光日子，再回首竟成為人生善意的禮物，讓我們不膽怯人生的風雨、無常的逆襲，不會失去熱愛生命，對人有情的信仰。

海苔熊試圖整理自己的故事，語句看似幽默詼諧卻處處流露溫柔的情懷：因為經歷黑暗的時刻，你習得堅強意志，且更有能力去面對與解決生命課題。從心理學角度，讓我們對自己溫柔，對世界包容與體諒，當我們不逃避翻騰的情緒，就有機會從情緒的迷惘中掙脫，找回安全感與愛。同時，也讓我重新審視過往的自己，從他的文字微光，輕輕地撫慰內在的小孩，告訴他：「你真的很棒！你看，作者也是憑藉勇氣和智慧，走過曲折艱辛的人生旅程⋯⋯」記得高中時期，我曾讀過尼采說的話：「那些知道為了什麼而活的人，幾乎就可以承受任何磨難；那些懂得為什麼生活的人，就能承受任何一種生活。」一如海苔熊寫的——在情緒波濤中，如何讓情緒穩定下來？在痛苦漩渦中，如何接納也尊重每個人。

在恐懼的事物裡，找回屬於生命的寶藏，除非我們允許，否則任何人都不能傷害我們的。人生的路可以慢行，只要不放棄前進的腳步。生活的壓力，創傷的痛苦，以及對自己完美的苛求，活在AI時代的我們，首要還是得把自己的情緒安置妥貼：「就算有雨衣，你還是有被撐傘的權利。」

海苔熊利用心理學的專業，讓我們在一個又一個他者故事中，找到己身熱切的生命之愛。你必須接受過去才能活在當下、擘劃未來。韓劇《未生》提過——路不是用來走的，邊走邊進步才最重要。無法進步的路不算路。面對情緒也是如此的，當你願意和它共處、對話，你就走在進步的路上，不用要求自己要突然變得正向樂觀，但至少不要被情緒綑綁縛住，無法脫離情緒的控制。我曾經有過這樣的經驗——當我願意拋棄自以為是的自尊心時，反而如釋重負了，沒有那麼設限的堅持與人生框架，我們的路變寬廣了，世界也開闊了。

擁有過的東西都不會消失，它烙印在閃亮彩光的生命系譜：當你接受所有的愛都會離開，那麼，愛就會再回來敲門。輕然闔上書扉，彷若找到可以抽絲剝繭去處理膽怯、害怕、拖延等情緒的祕訣。一如《我是遺物整理師》提到：「幸福是什麼？幸福是讓人心情好的事，一想到就會笑的事。」和情緒做好朋友，讓生活瀰漫琅琅笑聲，你的人生真的會越來越躍遷。只要你願意，就會發現目前生活的小確幸，正因為歷經那些暗黑，才能讓你現在擁抱幸福，而且活得閃閃發光呀！

推薦序——

寶藏在那裡，你得要穿越黑暗地去看

作家／女人迷 sales head　柯采岑 Audrey Ko

認識海苔熊許久，他一直談自己談得不多——他文章寫得飛快，左引心理學理論，右談A／B／C／D代號故事，雙手互搏之靈活，一如老頑童周伯通。而他的腦袋存著心理學資料庫，穩定輸出；他的心很大，願收容世間奔騰翻攪情緒，我總是想，他把很多的溫柔，優先留給其他人，偶爾，才願意留給自己。

認識他越久，越發發現，他對自己有非常嚴厲的時候——幾乎到了，你都想把他寫的文章與金句，印出來一份，貼在他電腦上的程度。累積壓力無處可去，成了身體病症，久久不散，嗡嗡耳鳴。作為他長年友人，我常希望他可以優先服務他自己。

今年打書，上他 Podcast 節目，節目結束，他興奮地跟我說，年末他即將出書，這次他終於要寫自己的故事。提筆揭露，第一章就寫下——原來我們都有病，原來我們都受傷過，原來我們都有黑暗。

黑暗也沒什麼，沒有黑暗，我們無法靠在一起取暖。黑暗是黎明抵達前的時分，沒有黑暗蟄伏，黎明也沒有力量。於是必要的，我們要往黑暗裡頭看。

閱讀這本書之際，看他彷彿重新經驗黑暗那樣地寫——看他寫燒一台電風扇給阿爸，想起阿爸曾經有過夢想，於是才把心願寄託孩子身上；寫與愛貓互動，感覺有人願意給自己無條件的愛護，愛好重要，沒有被愛過並不知道；在經歷死亡以後，感覺生命有其意義，記憶便是一種惦記。我感覺心疼也慶幸，那是他誠實的書寫，那樣的書寫裡，有孩子時期感覺不被愛的傷心，有家庭關係的拉扯糾結，有吃著老爸最愛吃的醃蘿蔔時的和解，也有直面傷口說聲 hello and goodbye 的坦然。

他這次的書寫，肯定某方面也終於療癒了他自己——是他把黑暗環抱胸口，並且跟自己，也跟眾人說，在你不敢觸及的洞穴裡，真的藏著你需要的寶藏。

那是實話，寶藏在那裡，你得要穿越黑暗地去看。而多麼幸好，這本書就像是——在黑暗之中，海苔熊舉著一把火炬，拉著你的手，邀你一起去看。

推薦序——

黑暗中，學習活得完整

作家　許皓宜

也許很多人和我一樣，小時候，總希望可以快快長大，過多采多姿的生活；長大以後才發現，原來這世界是苦多於樂的。

在這樣的世界裡，我們遇到許多困難，也仰賴許多人的幫助，才得以活下來。在我的生命中，除了受過無數人的陪伴以外，也獲得心理學的滋養，才在曾經黑暗無比的世界中，找到自己的方向。

我親愛的朋友海苔熊，他的新書正是表達出這份生命的感動，以及在黑暗中活下去的力量。在閱讀的過程當中，我無數次被他溫暖的文字，給打動心房，喚起許多深刻的回憶。

我認識海苔熊似乎已經好長一段時間了。在我和他都還沒有現在這樣，看起來有「一點點」長大和成熟的時候。那時的他是一個好理性的青年，熟讀各種心理學理論，能夠精確的思索出科學數據背後的意義，而且臉上時常掛著的是笑容，絕不是眼淚和憂愁。然而，在這一次新的文字當中，我不知道他是怎麼寫出來的？是伴隨著許多對自己的領悟和眼淚嗎？為何裡頭變得這麼多溫暖和情感呢？我著實為他感到高興，身為曾經和他一起工作和玩耍的朋友，我很驕傲自己的朋友寫了這樣的一本書。

我想，在我們好久不見的這段過程中，他一定有許多新的體驗與成長。我看到他示範著「如何活得更像一個更完整的人」。我深知這點有多不容易，所以特別想把這本書推薦給所有的朋友，相信你閱讀後會更理解：何謂缺憾？何謂完整？何謂活著？

更重要的是，我們不再繼續在缺憾裡頭繼續苦苦自憐，還是看見那生命當中每段萍水相逢對我們人生的意義。最終，我們感謝自己曾經遇見那些人，我們也感謝自己的誕生。

謝謝來到這個世上的我，也謝謝那些曾經陪伴過的你們。

讀完這本書後，不妨把那些名字再次書寫下來吧！

自序——

找回接住自己的勇氣

我想要寫這樣的一本書很久了。但隨著年紀漸漸增長慢慢發現，自己的形狀很容易受到剛被認識的印象所限制。由於我一開始「出道」寫的是愛情，所以後來不論是演講、邀約或者是書籍，都是以愛情當作主題。

我很感謝這些一路看重我的前輩和夥伴們，人生在世，能夠被看見已經很不容易了，但生命總是有轉彎的地方，所以我開始慢慢想要寫一本有關於自己的書，卻又害怕沒有人願意看。

就在這個時候，一個朋友跟我說：「你的文字其實很可以打動人心，你的故事也是。你很擔心流量、很擔心不會有人喜歡你，但就算你不講愛情，也很有溫度。」那一刻我真的是全身起雞皮疙瘩，好像心裏面某一個很柔軟的地方被悄悄地接住了。

這個朋友不是別人，正是這本書的總編輯槵甄。我們認識了十多年，擦肩了許多次，不論我在哪裏有好的表現，她都是第一個鼓勵我的人；不論我在哪裏跌倒，她也是第一個傳訊息支持我的人，雖然我們聚少離多，但每次碰面都可以感覺到她很真誠的關心。從相遇的第一刻起，我們就想要合作出書，但後來遭遇許多因緣際會，輾轉波折，終於等到了這一天。你手上拿到的這本書，是許多的偶然和巧合，相聚和錯過所集結出來的寶物。

就像書名所說，生命總有黑暗，在風雨交加的夜裏，很多時候我們都會覺得好像自己快撐不下去了，好像再走一點點，就要到盡頭了，但如果停下來深呼吸，環顧四周，還是可以看見有人默默地伸出援手，給我們溫柔。「變好」的那一天或許還很遙遠，或許好像都一直看不到終點，但你要相信，那天終究會來的。

黑暗是不會消失的，但同樣的，光明的部分也不會消失。如果你過往沒有好好被愛過，或許你也還不知道該如何好好地去愛一個人，儘管是這樣，那也沒關係，因為你仍然是一個值得被愛的人。

謝謝這一路上和我合作的夥伴，謝謝所有的推薦人，謝謝在書裏面具名和不具名的朋友，因為有你們，我才有勇氣寫下一點點自己的事情；也謝謝願意拿起這本書的你，希望能夠借用總編輯接住我的力氣，分給你一些些勇氣。

來日方長，我們一起努力，也一起好好休息。

前言——

每個人心裏都有黑暗，我們才能在彼此生命裏靠岸

五年前，我從心理所進入輔導與諮商研究所。第一年，心中有很大的失落，因為我原先以為，這裏是個充滿聖母陽光的地方，每個人都很溫暖、同理心滿滿，只差頭頂上沒有出現天使光環而已。

結果，我發現自己錯了。原來我的同學們都有「病」，他們每個人心裏都有過不去的坎，所以才會走上心理諮商這條路。我心目中那個理想的、有光輝的天使瞬間掉落到凡間。

此時，一個學姊跟我講了一句話：「心理諮商師也是人。既然是人，就有光明和黑暗的一面；重點是當他們經歷了一切苦難，還能夠不失去對人性

的盼望，這才是身而為人最美好的地方。」

這句話讓我重新思考一件事：或許我真正在乎的不是同學們有沒有病，而是「無法接受自己是有病的」。

我從「抗拒」、「懷疑」到「接受自己可能也有病」這個想法，花了好多年的時間。學姊說，心理師並不是沒有情緒，我們能夠做的只有盡量保持覺察而已；我們可以陪伴個案走過一段辛苦的人生歷程，感受他們的痛苦，並不意謂著自己就是刀槍不入，而是我們相信，每個人都有韌性。

我很喜歡美國神話學家約瑟夫．約翰．坎伯（Joseph John Campbell）的一句話：「在你不敢觸及的洞穴裏，藏著你所需要的寶藏！」或許經歷過傷口，才能夠理解那個痛是什麼。

在實習期間，有一次，我問督導K：「我們又不是聖人，在如此黑暗的世界裏活著，要如何相信人有改變的可能呢？」當時我有一個個案做得很糟，因此陷入了工作低潮。我覺得自己的人生很沒有價值，每天都過得渾渾噩噩的。

督導K並沒有告訴我，他以前是怎麼辦到的，而是分享了一個他曾經付出很多努力，但個案最後還是離開人世的案例，他說：「每個人都有自己的生命課題要面對，我們能夠做的，就是相信人的善意。」

他接著又說：「做我們這一行有一個重要的信念，就是相信人的善意。不過，同時也要保持界線，將你的善良留給值得的人。」

我常常在想，究竟是我療癒了個案，還是個案療癒了我？

呂旭亞心理師曾在分析《美麗的瓦希麗莎》這個童話故事時說過：「黎明比黑夜更智慧。」每次當我處在人生谷底的時候，就會想起這句話。

或許，我們都沒有力量成為別人的黎明，也或許，我們心裏都有黑暗，因此有機會靠在一起取暖，聽著柴火畢畢剝剝的聲音，等待黑夜之後黎明的到來。

這本書記錄我從開始學習治療至今的種種體會，我當個案時的心得、我家人的故事，還有我身邊的快樂小夥伴們發生的軼事。我才疏學淺，新手上路，裏面的想法不一定夠成熟，但字字句句都是路途上我所遇見的風景，想邀你一同分享我的看見。

我們每個人都「有病」，但是你不需要勉強自己變成任何人，你只要做真正的自己，就能夠成為一個更完整的人。

你不需要勉強自己成為任何人

只要做真誠的自己，就是一個完整的人

CONTENTS

Chapter 2 你可以選擇不勇敢

Chapter 1

在讓你恐懼的事物裏，有屬於你的寶藏

在情緒花園中，安放自己

有一次我跟督導L談話時，談到心理師的角色是什麼？

我說：「老師，你常常說要接住個案的情緒，可是我想知道，然後呢？」

督導L：「然後你要相信，個案會靠著自己的力量，慢慢長大。」

我當時心想，原來心理諮商師這麼容易當！後來才知道，是我太狂妄自大了！有時候光是能夠「接觸」個案的情緒，就已經是功德一件。

如果能夠近一步「接住」他，才有機會讓個案重新站起來。

身為黑手指，在我手下枯萎過的花花草草，不計其數。有天我心血來潮，拜嬸嬸為師，跟她學習種植盆栽的技巧。

「你可以每天早上來這裏看看花草，跟它們講講話。用手摸摸看土壤，是不是乾掉了？有沒有哪個地方需要補充水分？再摸摸葉子，就知道它今天有沒有喝夠水？觀察一下它的顏色，是否被陽光晒得枯黃，或是已經開始凋謝了？替還有救的葉子澆水，再把它搬移到陰涼的地方，看看它是否依然安好？」

嬸嬸跟我一樣，是在家接案的自由工作者，擁有許多可以跟植物相處的時間。

她說：「每當我覺得心情煩悶的時候，就會上來看看這些花，想著不管再怎麼辛苦，萬物還是一樣生生不息，心情也變得豁然開朗了。」

有一天我問嬸嬸：「為什麼我的薰衣草看起來奄奄一息？」

她跟我說：「如果你真的很忙，沒有時間澆水的話，可以去買一個底盤，接住澆下來的水。不過，你還是要常常上來看看它，因為它會想念你喔！」

想一想，這似乎跟心理師陪伴個案有點像，療癒的過程就像是園丁種植花草一樣，揠苗助長是沒有用的。我們只能給予個案所需要的陪伴，在他情緒低落的時候，好好地接住他。這個「接住」會讓他內心油然生出一股力量來。即使你不在身邊，他也能夠因為你提供的養分，而繼續生長茁壯。

一週一次與個案的會談，就像是替植物進行澆水的工作。雖然我不知道自己的「蓄水功能」如何，也不知道個案到底有沒有被「接好」，有一件事情是確定的：兩個多月之後，我栽種的薰衣草竟然神奇地活過來了，並且綻放出美麗的花朵。

我發現與植物相處，靠的不只是技巧，而是用心。面對個案也是一樣，有時候光是陪伴沒有用，還要用對方法。

現在覺得活著很辛苦的你，因為一些問題困擾許久而感到不安的你，或許還沒有準備好要面對現實，那麼也沒關係。你可以做自己的心靈園丁，在情緒感到低落的時候，練習不要逃走，練習不要自我批評，練習對自己慈悲一些。

有時候，最難受的不是令你感到難過的事情，而是當你試著告訴別人自己的焦慮、遇到的困難，他們卻覺得這沒什麼，是你小題大做、想太多了！

甚至，你可能經常用同樣的方式來對待自己，叫自己不要難過、不要想太多，你還會責怪自己，為什麼過了這麼久的時間，還沒有好起來呢！

你忍住眼淚，跟自己說：「這沒什麼好難過的，世界上比你可憐的人多的是。」

奇怪，你明明希望其他人不要如此對待你，為什麼要用這樣的方式對待自己？

也許你壓抑情緒的方式，曾經在某些時候發揮功用，不知不覺，就變成了一種慣性。

你的情緒就像被豢養的小羊，當牠感到悲傷、痛苦、焦慮、生氣的時候，就想要被人看見、被在乎……此時，如果你願意給牠一個溫柔安心的擁抱，而不是把牠趕跑，就能讓牠願意安靜下來。

當別人無法給你想要的溫柔時，至少你可以給自己溫柔。

「每個人都有自我療癒的能力，只要我們願意等待，那麼，隨著時間過去，你會慢慢發現，花朵不是不開，只是還沒有開。」有位督導曾經這樣說。

當你想要改變現狀，覺得做什麼事都沒有用的時候，也許順其自然是最好的方法。

但是，你得耐住性子學會等待，因為越是豐碩的果實，越需要讓它慢慢地長大成熟。

每個人都有自我療癒的能力

給自己一點時間，花不是不開只是還沒有開

就算有雨衣，你還是有被撐傘的權利

打從認識阿猛以來，我就覺得他是一個非常「敢」的人，每當我擔心他這樣做是不是太冒險的時候，他總是勇往直前，也不怕摔得遍體鱗傷。

有一次我問他：「為什麼要這麼拚命？其實有些責任可以不需要自己扛……偶爾讓自己軟弱一下也沒關係啦！」

「如果你不勇敢，沒有人會替你堅強。」他說出一句網路上流傳的金句。

「你想要有人替你擋雨嗎？我今天剛好有帶雨傘。」

「我自己有隨身攜帶雨衣。」

我們走進一家電影周邊商品專賣店，他在貨架上看到了動畫《龍貓》裏的小梅公仔，嘗試著把她立起來。不過，背後的磁鐵太重，無法順利站立。後來，他乾脆把小梅靠在龍貓的肚子上，就這樣緊緊依偎著。

「龍貓的傘好小，這樣還是會被雨淋到啊！」

「她不怕被淋到，她自己有穿雨衣。她只是需要一個可以讓她靠著休息的地方。」他說。

忽然之間，我好像懂了什麼……

回程的捷運上，我打開筆電開始寫論文，阿猛累得靠在我肩上睡著了。回到台北後，下車時我的右肩多了一條長長的口水痕跡。

「欸，你剛剛睡得跟豬一樣，超靠背的！你看看我的『極度乾燥』外套都變成『極度濕潤』了！」

「哈哈，我珍貴的口水可不是人人都可以獲得的，你肩膀上的可是傳說中的龍涎，可以用來強化武器……」他語帶搞笑地說著。

阿猛從小在一個和家人關係疏離的家庭裏長大，每次當他談到自己的心事時，家人總是嗤之以鼻，叫他不要想太多。久而久之，他習慣把自己的心套上一層防護罩。

「說了沒有用，也沒有人會懂，那我為什麼要說呢？」

這件猶如防護罩的雨衣，陪他走過一段漫長的人生道路，而他真正需要的是有人像小梅一樣，可以提供讓他靠一靠的「情緒支持」。有時候，僅僅是互相依偎，就能讓心中突如其來的狂風驟雨停歇下來，找到屬於自己的避難所。

甫出捷運站，就發現雨下得超大，他還真的從包包裏拿出雨衣來。

我打開傘，結果傘骨脫鉤了。

「你那什麼破傘，都壞掉了！用我的吧！」

於是，我們兩人把雨衣蓋在頭上，衝進騎樓裏。

大雨傾盆而下，可是我心裏卻有一股暖意緩緩升起。

我常常說：「對自己溫柔，就不怕別人遠走。」我知道這樣做一開始很難，**但是你會慢慢發現，不管誰的生活都會有晴雨天，即使別人的世界正在下雨，不代表你的世界不值得放晴。**

對自己溫柔
就不怕別人遠走

生日快樂，你值得擁有快樂

不知道有沒有人跟我一樣，很害怕別人在自己面前唱生日快樂歌，覺得很尷尬，很想要逃跑？

我一直都很討厭過生日。直到開始念諮商之後慢慢自我探索，我才知道，我的生日恐懼症背後，原來是「我不值得」的心理因素作祟。我覺得自己的存在沒有那麼重要，不值得被大家祝福。可是，弔詭的是，我又希望大家能夠看見我、覺得我很重要，這兩股力量結合在一起，產生了一種矛盾的心情。

念大學時，有一年生日因為某個突如其來的事件，讓我哭得很慘。一個很要好的朋友說好要跟我一起過生日，餐廳都訂了，我滿懷期待，但最後他並沒有出現，那等待的兩個多小時，我腦子裏千迴百轉，從我「不值得被愛」到「我果然是會被拋棄、丟下的」等等，好多難受的念頭都一一飛過。多年以後，每到生日我都還是覺得忐忑不安，於是主動跟我的朋友們說：**請不要祝我生日快樂**。

後來，當朋友小蘭跟我說「生日快樂」時，我忍不住跟她講出了內心的掙扎。她說：「嘿！你要不要嘗試看看，今天晚上跟你媽媽說說話？因為三十幾年前的今天，如果不是她，也不會有現在的你。」

我把這件事寫進待辦清單裏，但內心的惶恐卻比山還高。

媽媽的告白

一直到晚上八點多，我結束工作回到家裏，終於鼓起勇氣去找老媽，問了她一個埋在我心裏很久的問題：「阿母，妳會不會後悔生下我啊？我沒有賺大錢，沒有結婚生小孩，到了這個年紀還在念書。我的人生起起伏伏，做了很多蠢事，沒有按照大家覺得順遂的道路走……」

「我不會後悔生下你。」老媽放下手上正在批改的安親班作業，認真地看著我。接著她開始訴說自己的故事：「小時候，我經常被外婆打，每次我在外面貪玩或是回到家忘記煮飯，就會挨她的棍子。但我不會怨恨外婆，因為我知道家裏很窮，她要照顧這麼多小孩，還要賺錢養家，脾氣不好是理所當然的。可是，從那時候起，我就下定決心，將來要用不同的方式對待自己的孩子。我不想用打罵教育你和小寶（我弟），我想讓你們走自己想要走的方向，做自己想做的事情。」

而這個代價就是年過六十的她，依然還在工作，經常做到腰痠背痛。

我想跟她說：「媽媽，謝謝妳把我生下來！而且妳還讓我選擇自己想要的人生，不會強迫我去做一般人覺得有前途的事情。」但又覺得太肉麻了，所以在客廳默默收拾我上課用的積木。

我記得小時候，經常會把積木堆得高高的，希望媽媽能夠看見我做的成品。可是，她工作很忙，總是敷衍我；相反地，如果我認真念書的話，她才會鼓勵地說我好棒！

於是我知道，當你追逐著別人的眼光，希望別人看見你，終究是會失敗的。所以我很努力念書、認真做好分內該做的事情，透過這種方式來倚靠自己。

一開始我是渴望被爸爸、媽媽看見的，可是在這個過程當中，我感到挫折，所以走向另一條「沒有人可以信任，只能信任自己」的道路。

當然，這並不是誰的錯。爸爸很早就生病中風，身體和說話都不方便，工作也常常起起落落；家中的經濟重擔都壓在媽媽身上，想當年她除了工作以外，還要花時間照顧家庭跟孩子，非常不容易。

原本坐在客廳的爸爸，用含糊不清的語氣跟我說：「沒想到你現在還喜歡玩積木。你從小就喜歡玩那套彩色木頭做的積木，那是你爺爺留給我的，我小時候就在玩了。」

我聽了心中五味雜陳，想到家族治療理論當中講的代間傳遞（intergenerational transmission），有些東西會不由自主地，一代一代留下來。但是，我們不一定要複製父母的人生，也可以走出截然不同的路。

你和我都一樣，可以有不一樣的人生選擇。

接著，我媽又說：「有一點你和我很像，就是你很聰明。我小時候被外婆打的時候都會乖乖站著，因為這樣一來，她只要打兩下就好了。不像你二阿姨，一邊跑一邊給她追，就要被多打好幾下。」她一邊說一邊笑，我才發現，很久沒有看到老媽的笑臉了。

我不曉得自己的「生日情結」會持續到什麼時候，但是老媽那句「我沒有後悔生下你」，在心裏迴盪了很久。如果我能夠早一點鼓起勇氣問她，是不是在許多自我懷疑的日子裏，就不會感到孤單寂寞？

當時鐘指向午夜十二點前，我跟自己說：「嘿，親愛的你，生日快樂！不是因為你是一個多麼厲害的人，賺了多少錢，是否讓家人覺得驕傲。光是你活在這個世界上，就有意義。往後的日子，你可能還是會面臨各種懷疑和不安，但是沒關係，人生本來就是由許多懷疑組成的。你一直都是自由的，相信我，你值得讓自己快樂。」

替代性擁抱

最近兩年，我被耳鳴問題困擾，看遍中西醫，也試了各種另類療法。進行了幾個月的「沙遊治療」（sandplay therapy）之後，我的腦海中出現各種產道、子宮、容器的意象，我的治療師問我：「要不要嘗試看看回到母親的懷抱？」

好難。

於是我先試著用「替身」的方式，讓黏土代替我跟媽媽擁抱。我捏了好多東西，都覺得不是我要的形狀。後來有個意象在我的腦海漸漸形成，於是就捏了我和媽媽的形狀送給她，跟她說：「你兒子現在很窮，所以沒辦法包太多錢給你。不過，這個小物看起來雖然不起眼，只值台幣三十元，以後等你兒子出名了，或許可以賣到三百萬！」

我大學的時候念哲學系，她雖然嘴上碎碎念，還是讓我繼續讀下去。後來，我想轉到心理系，她也沒有怪我多浪費了一年的時間，只是默默地幫我付學費。考上台大那一天，她比誰都開心！可是畢業之後，她也比誰都要擔心，因為我的工作不穩定，讓她必須一直操煩下去。

研究所畢業後，原本以為我會穩定地在學校當個老師，結果又跑去彰化念博士。她什麼都沒說，只是在我偶爾回家的時候，說：「沒事就常常回來，媽媽煮東西給你吃。」

她用自己習慣的方式包容我，可是我卻習慣性逃避。回到台北工作後，我每天都在診所待到晚上十一、二點才回家，連我也不知道自己在逃避什麼。

後來我發現，我真正害怕的是母親逐漸老去的事實，擔心有一天幸福會從眼前消失。

母親節那天，我還真的抱住了她，結果她笑得合不攏嘴。

如果你和家人之間總有一些隔閡和恐懼，如果他們總是用你不習慣的方式來愛你；如果你很想要表達愛意又不知如何說出口，或許可以伸出手來抱抱他們，然後給自己一個大大的擁抱。

追逐著別人的眼光
最終會帶來失望

長大成人的你，允許自己當個任性的孩子

「一直以來我都在想，怎樣讓我的婆婆開心，讓我的孩子乖乖聽話，讓我老公覺得被尊重，但他們總是不滿意。我今天突然發現，我付出這麼多、努力去愛那麼多人，到底又有誰會來愛我呢……」我們一起去買晚餐的路上，好友妍希說。

表面上看來，她是在抱怨，但我知道她背後有好多好多的失落。看她這麼生氣，一時之間也不知道怎麼回應，隨口說了一句：「哎呀，人生好難！有時候我們真的要發懶一下，當當小孩也不錯。」

她聽完後笑了，說她做不到。然後她走進便利商店，買了兩條77乳加巧

克力。

「我奶奶很早就過世了，以前我在學校被同學欺負的時候，她都會牽著我的手去巷口雜貨店買這個給我吃。來，給你一條！」

這位我認識多年的朋友，個性十分善解人意，做事情前總是會顧慮到別人的感受，偶爾可以任性的時候，還是會想到別人。或許她覺得：在其他人面前表現出堅強的樣子，才不會令他們失望吧？

前幾天我做了一個夢。

夢裏有個叫做海豚飯店的地方（村上春樹小說《尋羊冒險記》的場景），坐著一個小男孩，他急急忙忙地在遊戲室角落玩著變形金剛。

我覺得很好奇，為什麼要這麼匆忙？

男孩跟我說：「如果不趕快玩的話，等一下就要被抓去寫功課了！」

小男孩跟一個巫婆住在一起。每天晚上巫婆會檢查他的作業，如果少寫一頁，就要縮短十五分鐘玩遊戲的時間。所以他必須趕快「玩好」遊戲，趕快去寫作業，才有更多的時間繼續玩遊戲。

聽起來很矛盾對不對？做夢時候的我（專有名詞叫做「夢境自我」，dream ego）反而覺得這是一件很合理的事。我蹲在他旁邊，說：「你放心玩沒關係，作業在哪裏？我幫你寫！」

他把整疊比他的人還要高的作業交給我。我接過作業，發現都是一些很簡單的加減乘除數學題。可是，當我開始計算的時候，卻發現好像永遠也寫不完似的。我可以感覺到他的視線在說：「你不用幫忙了！你幫不了我的。」眼看著堆積如山的作業沒有完成，他一臉快要哭出來的表情，我不知道哪根筋不對，衝著巫婆說：「妳要就衝著我來吧，這些作業是我負責的！」

結果巫婆竟然變成了哆啦A夢，從她的百寶袋裏面拿出記憶吐司，說了一句：「真拿你們沒辦法！」然後幫我們把作業全部都寫完了。最後，我們三人居然坐在地板上一起玩變形金剛。

離開海豚飯店的時候，小男孩跟我說：「哥哥，你什麼時候再來陪我們玩？」我對他點點頭，然後抱了一下他，突然有種想哭的感覺。

即使在迷迷糊糊的睡夢當中，我仍然心疼夢裏的小男孩，當其他孩子都在玩樂的年紀，他必須承擔超乎年齡的責任。

我也心疼夢裏的自己，就算是在那樣的時刻，仍然想要解救別人。

此外，我能感覺到，巫婆是逼不得已才會出這種作業，她心中其實也有一個「想要玩樂的小女孩」。

回程的路上，我們經過一條狹長的通道，巫婆給了我一支奇怪的手電筒，長得像蠟燭的形狀。她要我小心呵護上面的火光，才不會熄滅。

醒來之後我明白，它是我心裏好不容易點燃的光。

最令我感動的是，在夢的最後，巫婆牽著小男孩的手和我揮手，好像在說不管什麼時候都歡迎我回來。那一刻，我掉下了眼淚，醒來的時候枕頭濕濕的。

朋友許皓宜曾在《情緒寄生》裏說過一句話：「沒有當夠小孩的人，往往也當不好一個大人。」我覺得這句話或許可以改成：「沒有當夠小孩的人，偶爾也可以允許自己當一下小孩。」因為當你好好被自己照顧過，才知道要如何照顧別人。

在生活中，我們無法對自己慈悲，可能來自於早年某些人對待我們的經驗，例如最親密的家人或照顧者。跌倒的時候，他們會說：「不許哭！」失敗的時候，他們會責罵我們：「沒有用！」久而久之，形成了我們「自我苛責的內在聲音」。如果你想要改寫人生的劇本，可以先從改變「面對內在自己的方式」開始，練習當你心中那個小男孩（小女孩）理性而慈祥的父母。

分享一個小故事。有個朋友向我抱怨，他一直活在父親的掌控當中，覺得都是父親害他變成現在這個樣子。但是，當他的父親生病過世之後，那些父親的話語，依然烙印在他的心底。每當他要做些什麼事情的時候，那個聲音都會跑出來，質問他：「你這樣做真的對嗎？」

後來他才明白，他放不下的並不是父親。讓他沒有辦法勇往直前的人，一直都是他自己——而父親，某種程度上，是他用來抗拒改變的藉口。

怪罪他人、把責任推給他人很容易，但你已經不是小孩子了，檢視過去並不是要你責怪父母，而是重新看見自己。

如果你還沒有足夠的力量去愛別人，就先好好愛自己吧！好好吃飯，好好睡覺，認真地過好每一天。

沒力氣去愛人的時候

允許自己當個任性的孩子

去感受每一個被愛的片刻

家人之間無法說出口的溫柔

每個家庭都有一些「家規」。我們家有個不成文規定：回到家之後第一件事情是洗澡，最後一個洗完澡的人要負責把全家人的衣服丟進洗衣機裏。

聽起來很簡單，但是實際操作起來並不容易。比方說，回到家後，你可能想先做點別的事情，或是因為加班需要晚一點回家。不行！大家都在等著你洗衣服。

尤其是爸爸還在世時，到了晚上十一點的時候，他就會開始嚷嚷，叫大家趕快去洗澡。只要任何人有延誤，他就會不斷地催促，搞得洗澡跟洗衣服像是打仗一樣，一刻都不能夠鬆懈。

我一直不懂，為什麼爸爸要這麼做？直到有一天晚上，我比較早回到家，和他一起坐在沙發上看電視，忍不住問他：「你有沒有想過，為什麼你每次都要催促大家洗衣服？」

「大家一起洗，比較方便。」

「真的嗎？可是我們的作息時間都不一樣啊，分開洗會怎樣？」

「不用啦，大家一起洗就好。」

「我覺得你想要透過洗衣服來控制全家人。因為你在這個家裏很少有講話的機會，想要藉由洗衣服，讓大家都聽你的！你好好想一想，明天再跟我說。」

丟下這句話之後，我就轉身走了。

不知道為什麼，每次跟老爸講話時心中就有一股怨氣，好像一直以來他都想要控制我，我很不喜歡那種被控制的感覺。可是我說完之後又有一點後悔，因為我知道這句話對他傷害有多大。

隔了幾天，我幾乎都快要忘記這件事情，老爸突然把我叫去，然後用一臉正經的表情跟我說：「我想過了，為什麼要一直催你們趕快洗澡？因為你媽半夜一兩點還要幫你們晾衣服。」

我這才赫然發現，「對啊！我怎麼從來都沒有想過，那些洗好的衣服隔天是怎麼晒在陽台衣架上的？」原來到了半夜一點多，媽媽就會從床上爬起來，把衣服從洗衣機裏面拿出來晾乾；若是我們越晚洗澡、洗衣服，媽媽的睡眠時間就更少了。

這件事之後，老爸依然會催促我們洗衣服，可不一樣的是，我的內心多了一分體諒，更多了滿滿的愧疚。

以前我的老師曾說過：「關於原生家庭問題，有時候都是幾十年的互動了，能改變的幅度非常有限。我們只能夠對彼此多一點點理解，而這些理解，很可能化解長久以來困住彼此的心結。」

有些事情要改變很困難，但並不表示某些關係會永遠困在僵局裏。尤其是與我們血緣最親、心理距離也最遠的家人，更需要用耐心跟愛心去理解和溝通。

如果我們能給予彼此多一點對話的空間，說不定那些未曾說出口的話語，會在原本冷漠疏離的關係裏，開出一朵花來。

談到原生家庭，我聽過許多和原生家庭有關的悲傷故事：「媽媽為什麼要這樣！她不知道這樣傷害我很深嗎？」「爸爸說都是為了我好，其實根本就是為了他自己好！」在一次又一次的眼淚控訴之後，他們慢慢發現，所有的爭吵痛苦都不是單方面的；那些在家裏說話比較大聲的人，也有他們的脆弱和恐懼。

「我爸是一個很自卑的人，失業之後，他覺得自己失去了一家之主的地位，所以每次回去，他都會管我、念我。除此之外，好像也沒有別的事情可以讓他刷存在感了……好啦，這樣想一想，他好像還滿可憐的。」朋友A說。

「我媽為什麼會變成這樣的人呢？說穿了，我爸也要負很大的責任。如果不是因為他年輕時候的那場外遇，我媽也不會變得疑神疑鬼……我媽總是對我爸大小聲，但我在想，或許她本身也是受傷的人。」朋友B說。

「有天，我看到兩個老人家臉上滄桑的眼神，突然覺得他們怎麼老得這麼快。那一刻，我突然有種憐憫的感覺，覺得他們這一輩子過得很辛苦。我知道我不需要為他們的辛苦負責，但我為他們的辛苦感到心疼。」朋友C說。

原本忿忿不平的朋友，講到最後潸然落淚，我可以感受到他內心對家人錯綜複雜的渴望。

一個痛苦的家庭，不會只有一個受害者，每個成員都可能受了傷。

我開始接受沙遊治療之後，跟家人的關係有了很大的改變。第一次治療結束回家，我就抱住了我媽；第三次治療結束後，我開始每天去公園裏面練習抱樹木；第五次治療之後，我終於鼓起勇氣去抱我爸。我發現，生病後的他變得好消瘦，他再也不是我心目中那個會把別人罵到臭頭的、令人恐懼的父親了。

被我抱住後，阿爸不好意思地笑了一下，我也有點尷尬地趕緊逃離現場。但是，當我發現自己竟然挑戰了人生中最害怕的事情，戰勝內心那股未知的恐懼，似乎也找到了與自己和解的那把鑰匙。

那些在家裏說話比較大聲的人
也有他的脆弱和恐懼

家庭陰影：傷口的呼喚

我曾聽過很多朋友吐露出他們對家人的心聲：

「真希望他們沒把我生下來。」

「媽媽說要不是我，她早就跟爸爸離婚了，講得好像一切都是我害的一樣。我想和她說，他們生下我的時候，有問過我嗎？」

「比起生我的人，〇〇更像是我的家人……」

有時候，一個人最苦的不是沒有家，而是家人之間聽不懂彼此說的話。有的人每次一想到要回家，壓力就很大；回到家，就想躲進房間裏。如果可以的話，最好不要跟父母親說話，因為常常講不到三句話就會吵起來。

如果你也有上面這些情況，很可能被「家庭陰影」給籠罩了。

講到「陰影」好像很黑暗，但其實光暗是相生的。每個人的人生中都會呈現一些特定的人格面具（persona），有的人溫和有禮，有的人很在意別人的眼光，有的人在工作上表現得理性、一板一眼的……其實這些個性背後都有一個與之相反的陰影（shadow），是指那些藏在冰山底下，不想讓別人看到的部分。

在我們的心中，會覺得「不理性」、「情緒化」、「愛生氣」、「不在意別人」、「自私自利」等等是不被社會所接受的。所以，想要成為一個「成熟」的大人，把一些黑暗面隱藏起來。

然而，有些黑暗面也是有幫助的，比方說一個容易生氣、自私自利的人，因為懂得維護自己的利益，就更容易在競爭激烈的環境當中存活下來。

換句話說，內在陰影是有功能的，只是我們經常壓抑著，不讓它出來見人。害怕這些陰暗會影響到他人對我們的評價。

然而，不管你多麼努力壓抑，它還是會在某些時刻冷不防地冒出頭來。所以，要讓自己的內在陰影有時間出來透透氣，例如你可以到海邊大吼大叫，或是躺在床上耍廢，什麼事都不做。

我們每個人身上或多或少都有一些父母親的特質存在，變成你的人格面具，或是形成你的「家庭陰影」。我想談談我在爸爸身上「照見」的陰影。

有一天我回到家，看見坐在椅子上無所事事的父親，生病之後，他就一蹶不振，像是個廢人一樣。我心裏升起一種厭惡的感覺，為什麼他可以這麼不負責任，不像一個「男人」呢？

從我有記憶以來，我們家的經濟來源就是老媽，爸爸沒有拿過一塊錢回家。我經常想，長大之後，絕對不要變成跟他一樣的人。所以，我努力讀書，想要逃離「成為沒有用的男人」的命運。

這種拚死拚活的個性，讓我在課業和工作上有了一些還不錯的成績，但不知為什麼，經常覺得心裏悶悶的。有時候想要廢、偷懶一下，就會有罪惡感。

因為，那個「想偷懶休息的我」，是母親所不能夠接受的，也是我父親的形象之一。這個放鬆自在的原型，就是我不能夠接受的內心陰影。

每次看到父親時，就會讓我想到心中也有個一模一樣、想要偷懶的自己。由於我無法容許這樣的自己存在，更不想要看到父親。

當一個孩子討厭父親的時候，父親也會覺得自己很沒用；而當父親嘗試想要開口跟孩子說話時，孩子會覺得跟廢物講話，自己也會變成廢材，所以選擇沉默或逃避。孩子厭惡父親的沒用，父親想靠近孩子又被推走，於是父親開始討厭自己，孩子也更討厭這個「自我厭惡」的父親，自此形成了一種負面循環。

在這種對立關係當中，沒有一個人覺得舒服，但也沒有人想要做出改變。因為大家都還沒有準備好如何面對心中的那道陰影。

我在研究所念「諮商理論」時學到，有些時候，孩子會透過模仿來認同自己的父母，用一種幽微的方式，把自己和家人連結在一起。就像有些人厭惡爸爸酗酒，發誓長大以後絕對不要變成那樣的人，奇怪的是，自己卻漸漸地步入父親的後塵，也開始沉迷在酒精裏。

多年前，有個父親是流氓的學生跟我說：「老師，我跟你說，我抽菸的時候常常會想到我爸，可惜那個笨蛋，竟然被他最信任的兄弟給害死了！」原來，爸爸被關在監獄的那段日子，他常常在學校外面抽菸。或許尼古丁，是他與「應該照顧他卻又沒有做到的親人」，一種又愛又恨的連結。

在一般人的想像裏，父親往往有兩種不同的形象：

一種是掌管紀律的父親。他會要求你遵守某些規則，通常是疏離、可怕、不近人情的，重要的時刻才會出現，但一出現就是凶巴巴的。這個父親看起來似乎不太「好」，但卻是我們人格與道德發展的重要指標。

在青少年成長的過程當中，如果父親的角色缺席，或者爸爸雖然在身邊，卻從不給予任何規範，只是不斷溺愛跟放任，那麼孩子很容易就會出現脫序的行為。

另外一種是安慰慈祥的父親。他會帶你去買玩具、陪你玩樂，和你談天說笑，那些你記憶中正向溫暖的回憶，都是跟這個爸爸連結在一起。這也是為什麼有些女生會把心中渴望的父愛，投射在其他男性身上，把對方當作「替代性父親」。

她們會找尋類似爸爸的對象當作伴侶，或是抗拒和爸爸一樣的人變成自己的伴侶。不論如何，她最終選擇的結婚對象，或多或少都有父親的影子存在。

如果你也曾經懷疑過，你和某個人之間的關係到底「算什麼」？從他身上找到一種特殊的連結感，明明沒名分卻又放不下。為什麼如此痛苦，卻又分不開？是什麼「勾」住了你？讓你把自己和他綁在一起？答案或許是：傷口。

你從對方的傷痕當中看到自己的傷痕，透過安撫對方的難過，來安撫自己的難受。不但讓你和對方產生了羈絆，也和你內心深處最脆弱的自己，有

了連結。換句話說，在家人與伴侶的深淵裏面，也有你的深淵。

或許我們心裏都住著一個受了傷的小孩，過去的創傷經驗、失落感，在內心深處不斷呼喊著我們。而唯有進入那個深淵，好好地跟那個記憶說聲Hello，才能夠真正從深淵裏爬出來，和過去說Goodbye。

當你願意進入深淵和
心裏的孩子Say Hello
才能從洞裏爬出來
和遺憾Say Goodbye

你離開後，我心中失落的一角

兩年前的春天，老爸過世了。

做完頭七之後，大舅說我爸託夢給他說覺得那邊很熱，叫我們燒電風扇給他。

我心想，我爸生前那麼愛吃肉，怎麼會是燒電風扇呢？要燒也是燒一頭豬啊！

沒想到隔幾天，老爸又來託夢了。

這次是在一間巨大的教室裏，他一邊擦汗一邊跟我說：「這間教室的冷氣機應該換了，否則我會因為太熱而起疹子。」在夢裏，我還一直嫌他很囉嗦，但是醒來之後，卻忍不住哭了。

「為什麼你們都可以夢到你爸，可是他都不來我夢裏？」我媽一臉羨慕地說。

於是，我在網路上訂了一個「紙製迷你電風扇」，殊不知送來的時候才知道需要ＤＩＹ。我本來想等考完試再組裝，結果晚上工作結束後回到家，組好的電風扇已經放在我的桌上。

「小小的電風扇，我竟然花了好幾個小時才完成。」老媽說，但眼神中多了分安心。

我寫了一封信，連同電風扇一起燒給老爸。

「阿爸，你在那邊，一切都過得好嗎？你兒子就要考試了，我知道你跟我一樣最會惹麻煩，所以我不求你保佑我考試順利，只希望你在那裏不要熱到。

這台電風扇雖然很小，但我相信你的靈魂很輕，可以足夠讓你涼一整個夏季。

阿爸，我很不擅長道別，也不確定有沒有好好跟你說再見，今年是第一個你不在我們身邊的清明節，希望你在那裏吃好睡好，不要長疹子。我會照顧好自己，你也要照顧好你自己。

——愛你的大寶」

老爸過世後留下的東西不多，其中一件是我送他的吉卜力動畫ＤＶＤ，還有一台小時候幫我們拍照用的相機（名字很酷，叫做FM2）。

由於生前他需要灌食，所以那套動畫ＤＶＤ上面沾滿了奶粉和黏液，我花了一些時間才清理乾淨。

印象當中，只要我每天回到家，他就會坐在客廳的椅子上，重複播放著宮崎駿的動畫《風起》。我在擦拭光碟時才驚覺到，或許他也想要像當過飛行員的男主角堀越二郎一樣，能夠「東山再起」？會不會久病不良於行的他，內心仍有著站起來的渴望？

當一個人肉體朽壞、痛苦不堪的時候，就只剩下想像力可以來去自如了。老爸坐在那張彷彿「駕駛艙」的椅子上，唯一的戰鬥就是活下去，一個看似簡單又極其困難的挑戰。但是，張開想像力的翅膀，他卻可以無遠弗屆地抵達任何地方。

我爸去住「新房子」後，老媽開始每天忙進忙出地整理他的遺物。以前我在書上看到，有些人在家人過世之後的反應是歇斯底里，不准任何人動死者留下來的東西；有的人則相反，想要一下子全部丟光光，才不會觸景傷情。

我媽屬於後者。一開始，她每天整理東西到三更半夜，把東西搬來搬去、位置換來換去。或許她真正想要丟掉的不是那些遺物，而是那分無法割捨的情感，只要讓自己一停下來，孤單跟悲傷的情緒就會一湧而上吧！

當老媽說要丟掉老爸的單眼相機時，我想到老爸年輕時候很喜歡拍照，所以留了下來。當我把相機打開，裏面竟然還有他生前拍的最後一卷底片。在有點抗拒又好奇的心理下，我把底片拿去照相館沖洗了。那是我在高中畢業典禮時，上台領全勤獎的照片。

頓時，我有一種悲從中來的感覺，鼻子酸酸的……

我是在三重長大的孩子，升國中時，老媽為了讓我念所謂的「明星國中」，選擇了「孟母三遷」，把我的戶口遷到台北。因此，每天早上，老爸會騎三十分鐘的機車，載我去上學。

到達學校之前，他會帶我去三重一家賣油飯和四神湯的小店吃早餐。那時候三重做工的人多，早餐吃這個比較補，可以有體力撐到中午。而老爸總是點一大碗的油飯，再叫一碗四神湯，自己卻沒什麼吃，就把食物推到我面前。

後來我才知道，爸爸因為公司經營不善，連早餐錢都是跟我媽媽拿的。你可以想像在當時的社會，這有多麼傷害一個男人的自尊！可是他仍然每天用所剩不多的錢，帶我去吃他心目中最美味的早餐。

我還記得那時一碗油飯三十五元、一碗四神湯四十五元，在香噴噴的油飯淋上肉燥，再加上帶著酒香的湯頭，對於常常念書念到三更半夜，早上五點多就起床上學的我來說，真的是每天最期待的事情。

以前，我總會偷偷加很多店家免費無限量提供的醃蘿蔔到老爸的碗裏，叫他多吃一點。因為老爸跟我說他喜歡吃醃蘿蔔，每次可以吃六、七片（我懷疑後來他的高血壓就是這樣來的）。

有次當我們吃完要離開的時候，老闆娘多問了一句：「這是你兒子喔？長這麼大了！」

我爸立刻露出靦腆的笑容，然後說我在班上考試都拿第一名。

這種事情有什麼好炫耀，超丟臉的！可是看到他一副很得意的樣子，我沒多說什麼，跨上他的摩托車後座，繼續默背我的英文單字。

老爸是個作風洋派的人，每次我到了學校，跳下機車之後，他還會在我的左右臉頰各親一下。對正處於叛逆期的青少年來說，真的很彆扭，尤其是校門口還有我喜歡的女生在站崗，更是尷尬。

這一載就是三年，那也是我這輩子跟他最親近的時刻。

在那一千多個早晨裏，老爸經常看著我吃得津津有味的樣子，一邊說著：「兒子啊，你長大以後要成為一個有用的人！」

這句話背後隱藏了一段沒有說出口的感嘆——不要像你爸一樣，變成一個沒有用的人。

如果從心理學角度來看，當時老爸把我當成他的「人生延長」：一個面臨中年危機、工作起起伏伏的男子，也可以有個讀書很厲害、看起來很有前途的兒子，這讓他很有面子。

我爸還在世時，有次我帶他回那家老店吃早餐，我叫了兩大碗的油飯跟四神湯，看見他狼吞虎嚥地吃著，才發現，當年他是捨不得吃，想把好吃的東西留給我。或許這也是事業一蹶不振的他，唯一可以表達愛的方式。

其實我很想跟他說：「爸，你把我養到這麼大，你已經是很有用的人了。」可是，那個「害怕自己很沒有用」的陰影，一直阻擋在我們之間，說不出口。

最近天氣轉涼了，早上經過市場，我信步走到那家熟悉的油飯攤，點了一碗油飯不加肉燥，還有四神清湯。結果，吃下第一口，我的眼淚就不爭氣地滑落下來。

今天端油飯給我的老闆已經是第二代經營者，他看到我哭得亂七八糟的樣子，緊張地問我：「怎麼了？」

我跟他說：「醃蘿蔔很好吃！」

人生好像非要走到某個階段，才會突然意識到，某位你原本習以爲常的家人，已經從你的生命中徹底消失了。

每天出門工作、上學前，看著父親固定坐的位子，現在坐著拉拉熊玩偶，心情總有些複雜。

有時我會想，自己究竟有沒有活成老爸想活成的樣子呢？

而在寫這篇文章時，我發現自己很久沒有夢見他了。

阿爸，我突然好想你。

但願今晚在夢裏，我們能夠再相遇。

或許最苦的不是沒有家
而是家人之間聽不懂彼此說的話

人生中的缺憾，也可以是禮物

咪寶走了，在一個下著大雨的凌晨。

咪寶，是這個家裏唯一會鑽到被子裏跟我一起睡覺的貓，也是唯一會坐在落地窗前等待我回來的「家人」。

當初會領養她，沒有什麼特別原因，只是因為在中途之家貓貓俱樂部幾十隻貓裏面，和她看對了眼。我走到她旁邊，把她抱起來，跟愛媽說：「就這一隻吧！」

以前的我應該會拿出一份科學量表，把每隻貓都評估一番之後再做決定。可是，看到咪寶的時候，就覺得是她了。

後來我才知道她是愛滋貓，少了一顆腎。

領養咪寶隔天，我和女友就開車前往台中，展開我在彰師大研究所讀書，她在台中教書的生活。

因為辭掉了原本的工作，經濟來源頓時減少了，所以我們只租得起十二坪大的套房。套房裏不過是一張床、兩張小書桌、一個衣櫃而已。我們窮到把紙箱堆疊起來當成書櫃，咪寶的窩當然也是用紙箱做的，而碗、水杯就是她唯一的所有物了。

咪寶常常陪我一起讀書、寫論文、打電動，從《超越佛洛伊德》到《瑪奇英雄傳》，好多個在書桌前面埋頭苦讀的日子，都是和她一起度過的。有時候我會拿起簡報筆，讓她追著紅色點點跑來跑去；有時我想要趕報告或者打電動，她也會跑來打擾我，讓我覺得「唉，真拿妳沒辦法！」。但有一次，女友回台北辦事，逃避依戀如我，竟然覺得孤單了起來，幸好一整個星期都有咪寶陪伴著我。我無聊的時候會跟她講話，慢跑回到家之後，再跟她玩她喜歡的繩子（用麻繩在她頭上晃來晃去，讓她抓的遊戲）。

我們在台中的生活就是讀書、逛旱溪夜市，還有陪她玩。那時我的工作通告和邀約不多，也還沒開始上電視，過著簡單又平淡的窮學生生活。

後來，因為大部分的課都修完了，我開始一半時間在彰化、一半時間在台北的生活，所以在台北租了一個比較大的房子。

每次回到台北，我才剛爬上樓梯，咪寶就在落地窗前面迎接我。我一腳踏進門，她就會喵喵喵地跑過來。

過了不久，我們家來了一位新的成員虎斑貓「Q寶」，同年十月，又從喵喵俱樂部撿了一隻全白的貓「美寶」回來，成了三寶樂園。接下來的日子，隨著我和朋友一起成立公司，忙著上節目、開課程、辦講座，生活不再圍繞著她。後來我們還認養了「蛋堡」和「霸霸」，儼然成為「五寶村」。

新貓咪的加入，意味著咪寶必須分出地盤給其他的貓咪。然而，她很有耐心地帶領她們（用貓的語言來說：教她們規矩），一直到第五隻貓加入之後，她才透過寵物溝通師跟女友說：「不准再帶貓咪回家了！」

我以為她是生氣新的成員加入，後來才知道，她是擔心我的身體。

「哥哥要照顧好自己的身體噢！你每天都工作得那麼累，再養其他貓的話，可能哥哥要更辛苦去賺罐罐的錢……」咪寶說。

從寵物溝通師口中聽到這句話，我忍不住飆淚了！

可惜，好景不常，咪寶的健康出了問題。我們帶她去附近的醫院檢查，發現她有一顆腎臟幾乎已經失去功能了。之後，每兩天就要帶她去注射一次皮下輸液，然後漸漸變成每天。

獸醫師非常努力，甚至過年的時候還幫她打點滴。

這一天，來到最後一次跟咪寶溝通的時候，我們問她好不好，她很有精神的說：「很好啊，你們不用太擔心。生老病死本來就是這樣，不用大驚小怪。」

我知道，她這樣說只是為了不讓我們擔心。接著，我們問她有沒有什麼話想說？

她回答：「不管身體在或不在，我都在。我很擔心哥哥，哥哥表面上裝作不在乎，可是我知道哥哥很ㄍㄧㄥ，你如果有什麼想跟我說的話，可以跟我說，我會聽得到。能夠來到這個家，我覺得很幸福，如果有來生的話，我想要轉世當人。看哥哥姊姊可以出去玩，我很羨慕，我也想了解當人的煩惱是什麼……」她繼續說著：「之前你們幫我做的婚紗我很喜歡，讓我覺得我是一隻很特別的貓，我想保存起來，希望它可以專屬於我，其他的東西都可以給大家使用。我有交代霸霸了，他可以幫忙管理其他貓。」

沒想到她這麼貼心，連之後的事情都幫我們設想好了。

看著虛弱的她，我還是有一些疑問：「咪寶，我想知道，昨天晚上妳為什麼要一直叫？妳叫的時候，我不知道能做什麼，覺得很慌張……」

「我對著你叫，只是希望你安慰我、秀秀我。不管怎麼樣，我都會在你身邊。即使我離開了，你們也要正常的生活。」

聽到這裏，我再也受不了，眼淚不停地流。

「哥哥很難過，全家那麼多貓，只有妳會陪我睡覺。如果妳走了，誰陪我睡覺呢？」

「你也該長大了吧，我陪了你這麼久耶！而且，儘管我的肉體走了，你睡覺的時候，我就在你的枕頭旁邊，一直到你能夠完全放下的那一天。」她說。

事實上，她的身體已經退化到不太能夠爬上床了。所以最後一個晚上，我做了一件很好笑的事——把我的折疊床墊拿到客廳，和她一起睡。

「咪寶，哥哥很愛妳。是妳讓我感覺到這世界上真的有人能夠無條件地愛我，這是我從來都沒有的感覺。我很害怕依賴一個人，我害怕跟任何人說『我愛你』之後就慘了。我總是擔心，在一個人身上付出太多，最後他就會不見了。我更擔心的是，我要負起他所有的情緒責任，我會喘不過氣來，可是妳很了解我，不會限制我去哪裏，也不會要求我做什麼，妳只是靜靜在那裏等待著我回來……」

說完之後，咪寶非常開心：「嗚嗚嗚，太好了！你終於說出來了。雖然我都知道，可是我就是想要聽你說出來。能夠親耳聽到哥哥說出心裏話，我真的很開心。」

然後，咪寶才說出她內心真正的感覺：「對不起！身體壞掉了，不然真想再陪你們久一點……不過，我會帶著這分愛離開。當你們可以捨得、放下的時候，我們就會再見面。我真的很愛你們，我會帶著你們的愛去下一個旅途。」

此時，我已經哭到不行了！她還反覆跟寵物溝通師強調：「你一定要跟他們說，我這輩子有多幸福噢！哥哥教會了我自由很重要，我也要教會哥哥愛很重要。」

最後，她說：「一天之中我最喜歡的時刻，是坐在窗前等哥哥回家。我喜歡那個期待的感覺，看到你回來的時候，心裏想著：YA！又多了一件可以回憶的事情！」

我很感動，這世上有個生命把我當成她的小王子。**就算這世界上沒有永遠的陪伴和依靠，我們也要好好珍惜彼此相遇的緣分。**

村上春樹在《挪威的森林》中說：「不管你擁有什麼樣的真理都無法治癒失去所愛的哀傷。不管什麼樣的真理、什麼樣的誠實、什麼樣的堅強、什麼樣的溫柔，都無法治療那哀傷。我們只能走過那哀傷才能脫離哀傷，從其中學到些什麼，而所學到的這什麼，對於下一個預期不到的哀傷來臨時，仍然不能派上用場。」

面對咪寶的離去，就像所有的離別一樣，不會因為經歷次數多了，就比較能夠釋然，懂得消化悲傷。

有一天，哀傷會消失，但是愛不會消失。

咪寶，謝謝妳來到我的身邊，也謝謝妳用全部的生命來愛我。

找一個比你更能接納你的人陪你
然後慢慢地你也會比較接納自己

不被愛的恐懼，你我都一樣

咪寶走了之後，美寶開始瘋狂舔毛。

「咪寶姊姊走得很突然，我還來不及跟她告別。我很傷心，從前她在的時候，有她罩我，可是現在她不在了，我得靠自己。」透過寵物溝通師，美寶說出自己的心聲。

她是一隻很敏感的貓，任何的風吹草動，都會讓她受到影響。令我難過的是，原來，她有一段傷心的過往。

「被你們領養之前，先前的主人家裏面有很多隻貓，比我們家還要多。所以只要在很多貓的環境裏，我就會很緊張。最後領養我的主人把我丟棄在路邊，所以我很擔心，你們會不會有一天也把我丟掉？」

我聽了好心疼，眼眶也紅了。因為這句話有另外一層意思——她很難相信自己是值得被愛的，所以只好透過不斷地確認，尋求愛的「再保證」。

美寶本來不叫美寶。第一次看到她的時候，由於她臉很臭，所以叫她「臭寶」。可能是因為她太膽小了，所以她不敢說，原來她不喜歡這個名字。

「每次被叫『臭寶』的時候，我都有一種被罵的感覺，不知道自己做錯了什麼。在這個家裏，我找不到自己的位子，所以我會很焦慮，不知道怎麼做，你們才會在意我。」

我越聽越難過，一邊跟她道歉，一邊向她保證：「從今以後妳就叫美寶，好嗎？哥哥姊姊都很愛妳，過去是我們疏忽了，妳不需要做任何事情，我們都會愛妳。」

她眼神迷茫地看著我們，似乎有一點不太確定。就像那些懷疑自己不被愛的人，覺得眼前的一切可能是「假的」，隨時都會消失的。所以他們寧可選擇不去相信，才不會到頭來又是一場空。

原來情感忽視的恐懼，人與貓都一樣。

在成長過程中，被極度忽視的人，經常懷疑自己真的夠好嗎？真的值得別人這樣對待嗎？連他都不喜歡自己了，還會有人愛嗎？當別人給予關心的時候，他們不一定能夠接住；當別人無意間忽視他們的存在時，就會在心中驗證那個假設：我果然是不值得被愛的。

「妳知道嗎？家裏這麼多貓，只有妳可以到我們房間裏睡覺。因為妳最乖，不會在床鋪上面尿尿。」我說。

「我害怕只有我一隻貓在裏面，其他的貓咪會嫉妒。所以我不敢陪你們睡，只敢待在你們的床腳邊。」

我差點就忘記，極度敏感的人，很多時候不只在意自己的需求，也會在意別人怎麼看待自己。

「我覺得我很難搞，我覺得會是你們的麻煩……」寵物溝通師說美寶一邊講一邊哭。

我可以感受到她的難過，「我們不會丟掉妳，而且妳不麻煩，妳是我們家最美的貓了，又美麗、又乖！先前是我們不理解妳，真的很對不起！」

我問她要怎樣做才能夠讓她感覺到被愛？她說只要她靠近的時候，我們可以摸摸她、抱抱她就好了。

「我希望你們可以多給我一些關心和愛，而不是擔心。因為你們的擔心會影響我的情緒。我告訴自己，不要那麼焦慮、那麼緊張，才不會讓你們擔心。可是當我跟自己這樣說的時候，我又會更焦慮、更緊張……」

我跟她說，最近很多事情在忙，很累，可能沒有辦法花太多時間陪她。她的回應讓我覺得又好氣又好笑。

「我知道啊！哥哥累得跟豬一樣，還一直吃一直吃。」

我很感謝美寶提醒我一件事：**當你的身邊有個生病的伴侶、有狀況的孩子，或者是需要常常掛心的朋友，或許他需要的不是「擔心」，而是「關心」。**這兩者的差別在於：很多時候我們在關心的同時，不知不覺地把自己的情緒給傳遞出去了！

在付出關心之前，要先把自己的情緒安頓好了，才能夠安頓別人。

那些在感情當中感覺不到愛的人，心裏往往有道傷口，就是不被愛的恐懼。他們一直糾結著：「是不是我不夠好，他才不愛我？」

只要這樣想，似乎就不用去面對更令人痛苦的問題：「**是不是不管我付出再多，他都不會像以前一樣愛我？**」到了後來，就算彼此之間的感情變得越來越淡，也會假裝無所謂地告訴自己：「如果不需要他，就不會被愛所傷。」

很多時候，我們在感情裏那麼努力，只是希望有人能夠透過其他方式告訴自己：「親愛的，你值得被愛。」

你一直以為，你們之間的問題在於他不夠愛你，卻忽略了真正的關鍵在於，你並不愛自己。

在一段關係裏面默默忍耐的人，往往是因為過往的經驗告訴他，就算說了，也不會有好的結果。可是，當你願意成為聆聽者，就可能敲開他的心門，將他從不安全感的自我禁錮中釋放出來。

沒有好好被愛過的人

也無法好好去愛別人

但就算無法好好去愛

你還是一個可愛的人

如果有一天，要跟記憶說再見

你有想過這樣的一天嗎？

早上起來，你以為女兒在泡茶，那個泡茶的女兒突然變成了看護。正當你困惑女兒去哪裏的時候，兒子突然出現了，跟你說你根本沒有女兒，還問你怎麼了？

你覺得頭很昏，也許是昨晚沒睡好，可是當你躺在床上、閉上眼睛，重新睜開眼睛的時候，身邊的場景已經從自己的家，變成了醫院。在驚魂未定之下，你問身邊的護理師：「我的女兒跟兒子呢？」

護理師說：「你在這裏已經住了兩個月……」你所看見的任何事情、你所認識的任何人都已瞬間改變了，而你以為自己記得的事情，其實從來都不曾發生。

這是電影《父親》的劇情，光是想像那個畫面，就令人毛骨悚然。

當所有的記憶像是腳底的地毯一樣被抽走了，你甚至搞不清楚自己是誰、在哪裏、在做什麼，不知道下一秒會發生什麼事情……內心會有多麼的不安？

當你無法依賴記憶，其實是一種對於「存在」的威脅。

以前我在念哲學系的時候，每次談到心靈、意識，好像都會進入非常困難的討論，但我覺得有一件事情是重要的，至少我們要對於自己的「記憶」有信心。如果你無法確定自己所看到、聽到、記得的事情是真是假，就沒辦法做出任何推論。

我奶奶在記憶開始退化之後，常常會說：「我要回家。」一開始，我不知道該怎麼辦，只能反覆跟她說：「這就是妳家啊！」我還問了一些研究失智症的同學，要如何跟這些長輩們相處？

他們建議我順著老人家的話，不要強硬反駁，可以把話題帶到具體可見的事物上。所以，我帶奶奶去看我家的門牌，請她唸完門牌號碼之後，再攙扶她回到椅子上，大概可以維持一個下午的安靜。但是到了傍晚，她又開始懷疑現在所在的地方是不是她的家。

平常照顧她的嬸嬸和媽媽也面臨了令人揪心的挑戰，像是奶奶懷疑媽媽偷拿她的錢，把嬸嬸誤認為她的妹妹……一個曾經如此親近的人突然不認得自己，是多麼令人傷心和挫敗的事。

幸運的是，奶奶從來沒有認錯過我。儘管如此，她還是踩到了我心中最脆弱的部分。

前幾天我回到家，她問我：「阿孫，你回來了喔？你爸呢？怎麼沒有跟你一起回來？」

我幾乎是含著眼淚跟她說：「阿爸去很遠的地方工作，今天不會回來。」

「安捏喔！那你衣服要穿厚一點喔，要變天了。」

「安捏喔！打電話跟他說，我們大家都在等他吃飯。」話才一說完，她轉身就忘記了。

剎那間，我真的不知道，記憶喪失到底是一種辛苦，還是一項祝福。

有位同學多年來接觸過許多失智症患者家屬，她發現最艱難的不是長輩不記得自己，或是忘記曾經發生過的事情，而是面對長輩憤怒的情緒、無理取鬧的行為。這個反覆發作的過程，常常會讓人覺得很煩、很無力。

如果你也有照顧失智長輩的經驗，或者家中有失智的親人，就會知道人生中有許多的無可奈何。面對親人年華老去，我們都有著恐懼和擔心，而我們也終將有老去的一天。

隨著他們的記憶一點一滴地流失，在來得及的時候，珍惜彼此還能相處的時間，是我們唯一能做的事。看到奶奶牙齒還咬得動，津津有味地吃著花生糖，就是一種幸福。

不管她最後是不是記得我，也不管她是否記得這些日子以來，發生了什麼事情，我只想要好好地陪伴她，一直到走到生命的盡頭。

記憶就像一座海上浮島

在浪花把我們淹沒以前

用心對待每一張相遇的側臉

買不停，仍不安心：無法填補的情感黑洞

我有一個怪癖，同樣的東西會買好幾個，例如我有三台筆記型電腦、十隻滑鼠、六副耳機、五個行動電源、不計其數的充電線……儘管這些東西不一定用得到，我還是把它們留在身邊。

「你有沒有想過，你為什麼買這麼多滑鼠？是因為你家有五隻貓嗎？」朋友E問我。

「我也不知道耶，就是覺得每項產品都有它獨特的功能，然後使用之後發現也有它的缺點。」

當我試著替自己找購買理由的時候，好友Z倒是一語驚醒夢中人：「是

不是在你人生中，幾乎不太能夠有所選擇。所以你透過這種荒謬的選擇，來緩解你對那件你很在意的事情的無能為力？」

仔細想了一下，如果是選擇障礙者（相近的心理學概念是「極大化者」，maximizer），應該會猶豫很久才下手，然後買完之後又後悔了。可是，我購買東西時考慮的時間往往很短暫，就連後悔的時間也很短，比較像是衝動購物（impulse buying）。我的確感覺自己好像在逃避某件事，沒辦法做出選擇的時候，會透過Z說的「荒謬的選擇」，來緩解那種焦慮。

購物行為，往往反映了一個人的心理狀態，例如：

- 一個童年物質生活極度匱乏的母親，在菜市場買菜的時候，會因為老闆娘沒有送她蔥而大打出手，女兒在旁邊看了覺得很不好意思，出來緩頰，媽媽竟然說：「該拿的東西就要拿！」
- 另一個情感長期被忽視的孩子，用凶狠的語氣跟爺爺要更多的零用錢。因為他知道，錢可以換取同學對他的好感。

- 還有個失意的少年，白天幾乎都沒吃什麼東西，到了晚上會去麵包店買一個十二吋蛋糕，一個人拿著湯匙默默地吃完。

那些看起來充滿欲望的人，心裏或許都有一個空虛的洞，因此用各種物質條件來填滿它。只是，這種滿足感往往是一時的。

有一天，我又和好友Z討論起買東西的話題時，他說：「如果是我的話，買Apple的滑鼠就好了。因為當你買了最好的東西，就不需要再買那麼多次等物品。」

當我跟我的治療師聊起這件事時，她給了我另一個答案：「感覺你的人生當中都會留下一些次等的、沒有那麼好的東西，而且捨不得丟掉。」

後來，我做出了一個困難的決定——丟掉那六隻滑鼠。

「你看，上次諮商結束回去之後，我丟掉了六隻滑鼠喔。這是練習斷捨離的開始啊！」我興沖沖地跟治療師說。

「嗯，上次我們談到，你對待物品的方式和對待人際關係有些相似之處。」她說，省話一姊。

只要不把雞蛋放在同一個籃子裏面，失去的時候也不會太難過。只要可以擁有替代性的關係，那麼，不論哪一段關係消失，都不會受到太大的影響。不要太過依賴別人，就不會受到傷害，或許就是典型的逃避依戀心理。

「看起來我還是很糟糕啊，沒什麼改變。我把那六隻滑鼠丟掉，也意味著在我的心裏，它們根本不重要……」當我意識到這一點的時候，有些驚訝，又有些難過。

「你可以說沒有改變，也可以說是一種改變，就看你怎麼想囉！你當然可以解釋成，你覺得這些滑鼠丟掉也沒差，這是你的一種心理防衛；但你也可以解釋成，你終於開始願意放下在生命當中，絆住你的東西了。哪一個比較貼近你的感覺？」

治療師的問題，我沒有答案。不過，當天晚上我回家在整理衣櫃的時候，翻到了一頂毛帽，上面破了一個洞。我詢問了專門替人做衣服的嬸嬸，她說：「這還不簡單，用考克（一種縫紉機）車一下就好了！應該還可以用，不需要急著丟掉。」隔幾天再回到家，這頂帽子就像新的一樣，放在我的床上，讓我內心有種被縫補的暖意。

過去，我一直有個奇怪的念頭：**所有的東西都是不會持久的，如果東西壞了或是不見了，再買就好了。感情是這樣，人際關係也是一樣，沒有什麼是永遠不變的。**既然它們最後都會離你而去，不如就看開一點。

所以，當有一樣東西不見或是壞掉的時候，我的做法是立刻去買下一個。某種程度上，這跟我的逃避依戀有點像，我心想：「既然你背叛我，我也背叛你。來呀，互相背叛啊！」就這樣一邊嘔氣，一邊把大把鈔票花在買新東西上，然後以為這樣就不會被這些「俗物」綁住，殊不知，這反而是一種變相的執著。

看到那頂修補好的毛帽，我激動地打電話給好友：「阿樹，我跟你說喔，我今天拿到嬸嬸幫我縫好的帽子耶！」

「是喔，感覺怎麼樣？」

「感覺很棒耶，我從來沒有想過自己可以被好好地這樣對待。」

「噢？」

「我以前總覺得，我只值得一些破破爛爛的東西。可能也是因爲這樣，潛意識裏，我很容易把好好的東西給弄壞，讓它能夠『配』得上我。但某種程度上，我又覺得不甘心，為何自己只有這樣的價值？所以很快去買新的東西回來。一來一往之間，浪費了很多錢……然而，當舊的東西再次出現在我面前，我又會出現一種捨不得的心理，覺得它跟我一樣，好可憐！所以用盡各種方法，把它修復到可以使用為止。」

或許，我內心也希望被人這樣好好對待吧！

你常常喜新厭舊，忍不住買下最新、最炫的商品嗎？在歲末年終、大掃除的時候，你有捨不得丟的東西嗎？或許，這些物品，除了蘊含著回憶之外，或許對你來說，還有另一層的意義。

匱乏感是一種心裏的洞

當你願意接受自己最終會一無所有

才是一種真正的擁有

克服焦慮，從每一天練習心疼自己開始

你做過「考試落榜」或「寫不完考卷」的夢嗎？

知名心理諮詢師武志紅在《夢知道答案》這本書中談到了一個概念：「考試即考驗」。**夢到考試，意味著你的人生正面臨了一個重大的考驗**，像是想要轉換職場跑道、準備離家到外縣市生活，考慮展開或結束一段關係，或是心中有個累積已久、渴望達成的事情，一直被你壓抑著。

某種程度上，對自我要求越高、「超我」（super ego）越強大的人，越容易因為考試的夢而感到焦慮。超我有點像是你的內在父母，它不允許你犯錯，希望你達到「應該」有的水準，可是這個「應該」卻讓你過得很辛苦。

我們只要活在世上，幾乎每天都會面臨各式各樣的選擇，難免感到焦慮。從存在主義的角度來看，焦慮是人生的必然。因為焦慮，讓你有動力去克服一些生命當中的問題。但是，如果你的焦慮超過了正常範圍（例如神經質焦慮），就會影響到你的生活和工作、睡眠，甚至身心出現一些不良反應。

焦慮的人常常會有一種焦躁、飄浮的、沒有辦法靜下來的感覺，心臟像是被懸吊在半空中一樣。他們想要做的事情很多，又覺得做什麼都沒意義，把很多擔憂放在心裏。就算未雨綢繆，也沒有辦法緩解當下的緊張情緒。

我也是個容易焦慮的人，很怕被別人打擾，所以需要自我空間。也因為不喜歡被打擾，所以很害怕打擾別人。

某次研討會結束之後，我留下來整理東西，不知不覺就忙到了中午十二點半。有位老師走進來，我以為他要使用會議室，急急忙忙地收拾桌上的東西。

那位老師說：「你不用急著走沒關係，等一下我們下午一點會用這邊。你可以繼續待在這邊，想離開也可以。」因此，我又多用了十分鐘，等到時間差不多時才去趕高鐵。

雖然只有短短一句話，卻讓我這個「心裏很多毛」的人頓時覺得舒坦。因為這句話裏面至少傳達了三個意涵：

1. 允許你擁有自己的空間，不過問你在做什麼。

2. 允許你有離開或是留下來的選擇。

3. 設定界限（可以使用到下午一點）。

然後我發現，很多時候，我們覺得不自在，常常是因為擔心自己會礙著誰，或者變成了團體裏的拖油瓶。

如果你跟我一樣容易感到焦慮，那該怎麼辦？正所謂久病成良醫，幾年病下來，我發現有幾個方法可以幫助我減緩焦慮的情緒，縮寫成

MAC：

1. Mindfulness（正念）：焦慮，其實就是我們對未來即將發生的事情，有種無法控制的想像，所以你越是努力去想，反而會讓自己越焦慮。在一直想、一直想的過程當中，你並沒有好好去「感受」你的焦慮。你可以感覺一下你的肩膀、喉嚨、胸口、牙齒……有沒有哪些身體部位讓你覺得緊緊的、不舒服？嘗試將自己的注意力放在呼吸上，透過調整呼吸，練習活在當下、體會此時此刻的感受，讓身體慢慢放鬆下來。

2. Acceptance（接納）：這是我到目前為止覺得最有效的方法，幾乎天天都在練習。比方說，我經常跟自己說「○○○也沒關係」，○○○裏面可以填入各種你難以接納的行為、想法或是情緒。甚至，你也可以說：「就算我暫時還沒有辦法接納自己的焦慮也沒關係。」

3. Compassion（關愛）：這裏指的是關愛自己，也關愛別人。聽起來很抽象對不對？我覺得比較好的說法是「心疼」，這就是為什麼我常常說，愛自己就是從每一天練習心疼自己開始。

世界上最了解你情緒的，就是你的「身體」，不管你多麼努力壓抑自己的情緒，你的身體都不會騙你。你可以練習跟自己的身體對話，比方說「親愛的肩膀：我心疼你過去一年來，這麼辛苦地幫我扛下很多的責任」，或是「我很心疼五歲時候的我，年紀還那麼小就要被迫長大……」

除了覺察自己的身體感受之外，透過跟朋友分享自己的感受，心情也會輕鬆許多。即使事情最後沒有辦法解決，但是心中焦慮的結，似乎也漸漸地鬆開了。

練習每天疼惜自己一些
逐日積累的愛會成為
你治療傷口的本錢

Chapter 2

你可以選擇不勇敢

難過的時候，不要勉強自己好起來

這篇文章想跟大家分享我身邊兩個在生命幽谷邊緣，數度進出醫院的朋友。

朋友Mark因為肩膀很寬、胸肌很大，我都戲稱他為「漢子」。他在兩年之間經歷了五個重要的親人相繼死亡（其中一個是他養的倉鼠），開始有憂鬱的傾向。

有天他來找我喝酒，問了我一道很艱難的問題：「嘿，如果這個世界上愛你的人都相繼死去，活著到底有什麼意義？」

生性逃避如我，大概很難說出「你還有我啊！」這種話，只好幫他斟酒。

他才喝了兩杯下肚，臉就紅了。

他一邊喝一邊說，身邊的人總是叫他加油，說一切都會過去的。

「你知道嗎？他們的關心對我來講是一種壓力，好像在說：你要趕快變好，不然我會很困擾喔！」

那晚他喝了一打台啤，吐得我整條褲子都是，我卻不知道該怎麼安慰他。

從熱炒店到他家的路上，整輛車子都是他嘔吐的味道。到了他家之後，我小心翼翼地把他丟進浴缸裏。幸好，之前我們一起去陽明山泡馬槽溫泉時裸裎相見過，所以這個場面還不算太尷尬。

後來他進出醫院好幾次，情況才好不容易穩定下來。

幾年以後，當我回想起這件事時忍不住問自己：「為什麼當時無法說一些話來安撫他呢？」

結果發現，「安撫」是我的需求，不是他的。或許喝得酩酊大醉的他，需要的只是我「在」那裏而已。他不需要任何建議，只需要有人在一旁靜靜聆聽而已。

後來他跟我說，很多時候憂鬱症患者渴望的東西往往很簡單，就是不要求他們「跟其他人一樣快樂」。當他們需要偽裝快樂時，也會讓原本孱弱的心靈消耗更多能量。

所以，當他們難過的時候，不需要勉強他們趕快好起來。

「為什麼是我？」

「可能是因為你比較勇敢吧！」

《我們與惡的距離》劇中這句話，我覺得根本是神台詞。可是，朋友Jack看完這部劇後跟我吐露了他的心聲：「那我可不可以不要勇敢？」

二十歲那年，與他相依為命的父親不幸罹癌。看到癌末父親因為痛苦不堪而輾轉難眠時，最後由他親手簽下手術同意書「結束」了父親的生命。從那天之後，他常常做噩夢、半夜驚醒，夢見自己來不及把父親從水裏救起來，也夢到自己親手用枕頭把父親給悶死的畫面……

「有幾次我回過神來的時候，已經坐在女兒牆上了。我真的不知道為什麼事情會變成這樣……可不可以不要是我？」

我看著手機螢幕傳來的訊息，不知道怎麼回覆才好。

父親去世後，他數度進出醫院，也經常責怪自己。到了現在，他終於說出「我可不可以不勇敢」這句話，而長久以來要他「像個男子漢」的父親已經離開了。

「以後再也沒有人可以控制我了！」他對自己說。但另一個聲音卻說：「可是，不像個男子漢的我，會像什麼？」「是我親手殺了父親的，我只剩下自己一個人了！」「這麼糟糕的我，怎麼不去死一死算了！」

被留下來的人經常感到自責、失落、全身無力……尤其是他父親走後，親朋好友都叫他要堅強，不可以讓大家失望。我真的很難想像，那段日子他是怎麼熬過來的。

「不想勇敢的時候，就組鋼彈吧！」

有一次我去醫院探望他，不知道要做什麼，就請他和我一起做鋼彈。我帶了復刻版的 F91[1]，因為沒有斜口鉗，直接用手扳，所以弄完後，湯口[2]醜醜的。

「跟我的人生一樣。」他說。

「雖然有時候軟軟的，但還是很強啊！」我說，捏了一下關節的灰色PC零件（比較軟的部位），然後我們兩個都笑了。

在親人過世之後，有人會在潛意識裏，想要活得跟死去的親人的個性一樣，用這種方式來懷念他；有人會刻意和那個死去的人作對，作為「被丟下」的報復。但不管怎麼做，那個已經離開的人從未真的離開過，變成了某種印記，在心裏面住了下來。

「不想勇敢也沒關係，覺得難過的時候，記得找人陪你，或者來我家打《隻狼》[3]，滿足你想死的欲望。」我說。

「欸～說真的，在醫院接受心理治療的那段時間，我只記得吃藥後昏昏沉沉地想睡覺。我不知道活著是為了自己，還是為了醫院裏那些照顧我的人。但是，幸好我活過來了，才能做我想要做的事……啊，我想起來了，有一次我拚命想要好起來，像正常人一樣，可是越努力，心情越悶，超挫折的。結果，心理師跟我說了一句話，我哭得超久，他說：『沒關係，不用那麼努力，你已經很勇敢了！』」

上次去他家的時候，那架F91很舒適地躺在他用飛機木特製的小床上，塑膠做的小頭下方是「迷你枕頭」，它蓋著小棉被、戴著手縫的超迷你睡帽，帽子上還有星星圖案，整個超萌。

「靠，你的手也太巧了吧！」我說。

「哈，它提醒我，累了的時候就躺一下。」他說，雖然心裏常常還是會冒出那個「你要勇敢」的聲音。

「努力活著，對正常人來講是辛苦的事情，但對生病的人來說，是痛苦又有點希望的事情。每次當我聽到我身邊的上班族朋友靠腰地說，明天又是星期一了，我都好羨慕！因為我連今天晚上是否睡得著都不知道。還有，我不知道要到什麼時候才可以正常上班，因為星期一的到來而厭世。」他說。

原來，可以笑著說「厭世」，也是一種幸福。

Jack 穩定吃藥了兩年，狀況漸漸好轉，但眼前還有一段漫長的路程在等著他。他說：「好不容易有一段時間沒有掉下去，但又會擔心，再掉下去怎麼辦？難道這輩子就只能這樣了？」

我問他：「你已經很棒了，你是怎麼走到現在的？」

「我能走到今天，真的很難！但我要跟所有陪伴我的人說，因為你們沒有離開，遺憾才不會發生。還有，謝謝你沒有被我嚇跑……」他說。

「不要太感謝我，如果真的想回報的話，我只要那架限量的 RX-78-2 就好了。我要的不多，真的！」我說，我們兩個都笑了。我想起《牧羊少年的奇幻之旅》中，那句經典名言：

「留意你的眼淚，因為那是心所在的地方。」

是啊，有時候，令我們痛苦的並不是疾病本身，而是心裏那個「不允許自己軟弱的聲音」。當你給自己多一點允許，多一點溫柔，或許問題還是沒有解決，但壓力小一點，日子，也鬆一點。

1 一九九一年左右熱賣的模型，是《機動戰士鋼彈 F91》（機動戦士ガンダムF91）中的主角戰機，機甲特色是胸前與肩部的散熱葉片，全身多處都可以散熱，每次把玩都提醒你：拚命的同時，也要記得散熱！

2 製作拼裝模型時，零件從塑料架上拆下，零件與塑料架之間的連接處痕跡。如果用斜口鉗拆得好，這個痕跡就不會太明顯；但如果是隨便用手拆，技術又不佳的話，零件上就會有醜醜的印記。在這個故事中，因為病房不能帶斜口鉗，所以兩人就用手完成模型。

3 全名《隻狼：暗影雙死》（Sekiro: Shadows Die Twice），PS 著名的「魂系列」遊戲之一，由宮崎英高（Miyazaki Hidetaka）等人製作。「魂系列」遊戲一向以高難度著稱，角色在遊戲中死亡是家常便飯。此作特殊的地方在於，每次角色死亡之後可以原地復活一次（有兩條命的意思），但如果再次死亡，就會有相應的懲罰。

4 初代鋼彈，有許多不同的尺寸、款型，其中限定版因為數量有限，常令人趨之若鶩。

允許自己可以不勇敢
也是一種勇敢

給照顧者：你不用承擔他「好起來」的責任

「當你感冒的時候，其他人會關心你、照顧你，給你可能的支持。可是，憂鬱症就不同了，他們會覺得你心裏有毛病、喜歡胡思亂想。身邊的人常常跟我說：你確定嗎？你說不定只是暫時心情不好而已；哎呀～你想太多了。但他們不懂的是，憂鬱症和心情不好根本是兩回事！」

憂鬱症患者有很多生活上的困難需要面對，這時候他們最不需要的，就是社會大眾拒絕相信他們生病的事實，強迫他們繼續過著正常的生活。

「你為什麼要把自己搞成這樣子呢？」

（你以為這是我可以選擇的嗎？）

「做個正常人有這麼困難嗎？」

（我不想再講話了，你完全不理解我……）

「你得憂鬱症，那你什麼時候會好？你告訴我啊！」

（這感覺超差的啊，要是我知道什麼時候會好，就告訴你啦！）

當我們對身心疾病的包容度越小，對於患者的二次傷害就越大。尤其當說這些話的人，是身邊很重要、很親密的人時。

後來我發現，這些「講幹話」的人，只是不知道要用什麼方法來關心，更不知道他們這樣做，只會把憂鬱症親友推向更無力的深淵。

那麼，該怎麼辦呢？

我想起一個老師曾跟我說：「不管是個案、心理工作者也好，這一路上，如果沒有什麼事情阻擋，大概也不會有太多成就。就因為你是英雄，魔王才會找上你，重點是有沒有同伴能夠和你一起打魔王。所以，有困難的時候不要自己悶著頭，來找我，我跟你一起想辦法！」

聽完這句暖心的話，我差點在研究室裏爆哭。

我經常收到憂鬱症患者身邊陪伴者的來信，他們第一個問題往往是：「我要怎麼做，他才能夠好起來？」

我懂得他們心裏有多麼焦急、多麼無力，但對憂鬱症患者來說，要求他們「好起來」本身也是一種壓力。

如果你曾陪伴過憂鬱症患者就知道，當你愛的他說「我好想死」的時候是什麼心情。

- 出門工作時，心裏總是提心吊膽，罹患憂鬱症的親友什麼時候會突然死掉；
- 當對方拿著刀站在對面，威脅你不要過來，否則同歸於盡時，你只能夠賭上性命，苦苦地哀求他不要衝動；
- 等到下一次同樣的事情再度發生時，你依然束手無策……

那些「不確定的痛苦」、「不知所措的痛苦」，你可以理解是因為對方處在巨大的難受當中，身不由己。但是，誰來體諒陪伴者的你，也承受著「陷入無限迴圈」的痛苦呢？你可能正背負著經濟重擔、照顧家人的壓力，卻只能將這些苦楚自行消化、吞下去……

很多痛苦，不是三言兩語就可以說清楚的，當許多人都在同理生病者時，經常會忽略憂鬱症患者親族（主要陪伴憂鬱症患者的人）本身也是需要被照顧的、需要出口的。他們處在「超級照顧者」的位子，將對方所有的情緒、喜怒哀樂都一肩扛起，可能對方的一句話、一個情緒爆炸，就會讓他們懷疑自己是不是哪裏做錯了，要如何做得更多……

如果你也是憂鬱症患者親族，我想對你說：「一直以來，你辛苦了！你總是把目光放在對方身上，卻忘記要好好疼惜自己。如果你知道不要對憂鬱症患者說加油，那麼請你也告訴自己『不要再加油了』，好嗎？」

你已經做得很好了，真的。你真正要學習的是，在陪伴的過程當中把自己顧好。

有時候，當你把對方當成「生病很重的人」在照顧，反而會讓他失去「自我效能」（self-efficacy）[2]，覺得自己像個廢人；當你放手讓他為自己負責，他才能夠重新找回自己的人生主導權。

你也許會說：「講起來很容易，但是當他說要去死，難道真的要讓他去死嗎？」

除了尋求專業治療之外，「你自己」也需要社會支持，並且量力而為。當你無法陪伴他的時候，可以找其他人陪伴。此外，你還需要一個宣洩情緒的出口。

幾年前，我的腳因為出車禍受了傷，每次季節轉換時膝蓋都覺得不舒服，四處求醫也沒用。最後，有個復健科醫師跟我說：「如果你能做的都做了，那麼不妨試著和疼痛一起共處吧！它也是你身體的一部分。」

關於照顧憂鬱症患者，我相信你已經看過許多文章和報導了，我只想提醒你：他是自己生命的主人，也許你無法為他多做些什麼，但你的存在就是他最好的依靠。

---

1 新生代作家張閔筑的暢銷書，《別再叫我加油，好嗎：我用心理學救回了我自己》。

2 社會與人格心理學的一個重要概念，指一個人認為自己可以完成事情的信念強度，一般來說，自我效能越高的人越有自信，越能接受挑戰。

陪伴是一條漫長而有界限的路
你無法為任何人的生命負責
但你可以成為別人日子裡的一盞燈

這是你想要的人生嗎？

前幾天，收到一位住在加拿大的朋友傳來的訊息。他說，決定把公司給收了！

這些年來，他因為開公司賺了不少錢，買了幾部車，令人羨慕。我很納悶，他的公司並沒有受到新冠疫情影響，仍然正常運轉，怎麼會說收就收呢？

他告訴我，每天都做著一成不變的事，再也無法從工作中獲得成就感。

「雖然每天都有錢進來，但我知道，這並不是我想要的。」

我問他：「那你想要『賺』什麼？」

「我不知道！我只知道，這種充滿銅臭味的日子，不是我想要過的生活。」

我想起當年還是學生的時候，他是班上唯一被工藝老師稱讚在陶藝上很有天分的同學。

「我從社群看到你最近在捏東西、玩黏土，才回想起這件事，其實我只是害怕改變而已。我害怕把公司收起來，會失去現在的一切，但我的雙手卻不快樂。」他說。

所以，他想把公司賣了，去小鎮買一間房子當作工作室，開始做他真正想做的事。

從認識他開始，他就是班上成績最好、循規蹈矩的學生。為什麼會做出這麼大膽的決定？

「有一天早上晨跑的時候，我問自己：這樣的日子還要過多久？什麼時候才可以從別人的期待當中畢業，做我自己？過了某個年紀，有些事情如果不去做的話，可能連遺憾都來不及。」這句話從一個害怕改變的人的嘴巴說出來，想必是下了很大的決心。

放棄原先擁有的東西，到一個從來沒有去過的遠方，從頭開始。以他要求完美的個性，我很擔心他會逼死自己。

我告訴他，不論如何，先找到工作室安頓下來再說。等心情穩定之後，再開始創作也不遲。

後來，我在社群看到他跟新的工作室合照，照片裏的他笑起來很陽光、帥氣。霎時間我突然明白，我只是把自己對於改變的恐懼，投射在他身上而已。

你也曾因為害怕改變、擔心未來的不確定性，而遲遲不敢踏出第一步嗎？你也有想改變卻無能為力的事情嗎？你害怕只要自己放手了，就會陷入一無所有的困境嗎？

我常常說：「你之所以還**無法改變，是因爲你還不夠痛苦。**」**很多時候，我們內心早就已經有了答案，只是欠一個勇敢**[1]。

改變的人不一定比較勇敢，在原地踏步的人也不一定比較懦弱。改變需要契機，勇氣需要累積；或許等到一切條件俱足的時候，你就能夠順著自己內心真正的聲音前進。

---

[1] 〈欠一個勇敢〉，是我很喜歡的創作團體「棉花糖 Katncandix2」一首歌的歌名。

很多時候我們心中早有答案

只是欠一個勇敢

你所愛的最後都會回來

每年過年的時候，我都會跟好友Amanda見面，算是我們之間的某種默契吧！

年復一年，她都跟我說想要改變和男友之間的關係，可是等到下次見面的時候，他們的關係，依然停留在原點。所以，就算我沒說什麼，她還是覺得有罪惡感——為什麼時間過了這麼久，事情還是沒有改變呢？

她和男友交往了十一年，過了熱戀期之後，漸漸發現彼此是屬於不同世界的人。隨著時間過去，她覺得在這段關係當中戴著面具的自己好辛苦、好委屈！但總是習慣忍耐和遷就的她，不知不覺被困在這樣的關係裏，動彈不得。

「我們已經同居了這麼長時間，也習慣彼此都在的生活。我知道，我們之間已經沒有愛了，可就像是寄生獸一樣，他的某一部分已經侵入我的世界。如果要把一個根深柢固的東西抽離，我想，我應該會死掉吧？」她一臉苦笑地說。

「看來，只能找怪醫黑傑克了！」我開玩笑地說。

我聽過一個在感情上受困好多年，最終成功「逃脫」的朋友，她的方式是「搬家」。她在整理同居男友的物品同時，也檢視了彼此之間的關係。

知易行難，這麼多年的感情，要從哪一個開始搬起？她跟我分享她的「清理祕訣」，我在這裏也分享給大家：閉上眼睛想一想，這個房子裏有哪些東西，是你一定會帶走的？如果想不起來，就代表它不重要，先把重要的東西帶走。如果這些東西以後還會用到，就從第二重要的開始清理。

任何東西都是有記憶的。有時候，嘴巴上說搬家很麻煩，所以暫時沒有辦法改變目前的狀態，繼續跟這個人在一起生活。事實上，是心裏還放不下，沒有準備好要和過去告別。

有些人儘管在目前的關係裏有很多衝突和委屈，但待在對方身邊，至少能滿足最基本的安全感。他們害怕離開之後，再也遇不到另一個愛自己的人，會從此孤獨一生。

很多在感情中跌跌撞撞、想解脫卻又難以放手的人跟我說，他要的其實是一個「家」，一個可以真正給他溫暖、包容和關懷的家。可是，他非常清楚，眼前這個人不是可以一直走下去的人，內心充滿矛盾，該怎麼辦才好呢？

我稍微修改、簡化維琴尼亞・薩提爾（Virginia Satir）的「冰山理論」（the personal iceberg metaphor），嘗試應用在「分開」與「搬家」上：

- **情緒**（**affection**）：連結自己的情緒，讓自己靜下心來，感覺自己在這段關係當中到底有多痛、多委屈。
- **行爲**（**behavior**）：如果你覺得自己已經想很多，就不要再想了！直接把一些重要的東西搬走就可以了。當你的物品慢慢脫離他的生活，你對這個環境的依賴感也會減少許多。
- **改變想法**（**cognition change**）：倘若你覺得分手很難，那是因為想要一次斷得乾乾淨淨。事實上，分手無法用一句話或者一天當作分界點，可以從此不再聯絡，而是一個持續的過程。
- **渴望**（**desire**）：感受一下你內心真正的渴望是什麼？在這段關係裏，你想要的東西有被滿足嗎？你們彼此滿意嗎？留意你的內心需求，並且把自己的界線漸漸找回來。
- **期待**（**expectation**）：比方說，你希望幾月幾日搬家、什麼時候提出分手、兩人談分手的條件是什麼。跟渴望不一樣的是，你必須具體列出時間、地點還有細節，最好告訴一些朋友你的計劃，這樣更容易達成目標。

- **回到自己身上（self）**：在薩提爾的理論中，這裏的 self 原先指的是靈性，或是自我覺察等更深層的意義。不過，我把它稍微轉化一下，先把重心放回自己身上。不要再去想能替他做點什麼、不要幫他做決定、不要再付出過多的力氣，多一點時間愛自己。

那些離不開對方的人，通常一開始都會說，好多東西要搬，覺得好累。但真正停下來認真思考之後，會發現需要留下來的東西，其實並不多。走到這樣的階段，代表在這段關係裏面，想要抓住的東西也不多了。

雖然字面上，「搬家」是搬離你熟悉的地方，實際上，你也是順從內心的渴望，回到那個心靈的家。

作家三毛說：「心沒有棲息的地方，到哪裏都是流浪。」離開一個人最困難的，是把遺落在他那裏的心，撿回來。

我曾在網路上讀過劉軒哥的一篇文章，如此寫道：

卡夫卡天天都會去公園裡散步，有一天他遇見了一個小女孩，小女孩很傷心的哭，因為她找不到她最愛的娃娃。

卡夫卡跟小女孩說，他願意幫助她尋找娃娃，並跟她約定，第二天在同一個地方跟她碰面。

但卡夫卡搜了整個公園，還是找不到娃娃，於是他以這隻娃娃的名義寫了一封信，隔天帶去公園，讀給小女孩聽。

「請不要傷心，我去環遊世界了！我會定期寫信告訴你我的經歷。」

而這，則成為了許多信件的開始。卡夫卡當時的愛人朵拉說，當他寫那些信的時候，神情跟他寫任何小說一樣的專注。

每次當卡夫卡和小女孩見面時，他就會從這些精心編寫的信件中，讀出她心愛玩偶的想像冒險經歷，讓小女孩很受到安慰。

他們最後一次見面時，卡夫卡帶了一個洋娃娃給這個小女孩。這個娃娃看起來與原來的不同，信中則寫著：「我的旅行改變了我。」

據說，許多年後，這位已經長大的女孩，在她這隻珍愛的娃娃中發現了一張小紙條，被塞在一個之前都沒注意到的小縫隙裡。

紙條上寫著：

「你愛的每一件事，有一天都會離你而去，但最終，愛會以不同的形式回到你的身邊。」

（以上引自劉軒的文章《你所愛的一切，有天都會離你而去》https://gvlf.gvm.com.tw/article/59611）

讀完這個故事之後我有一個感覺是，一個人並不會無緣無故經歷「失落」這種情緒，通常是**原先擁有了某樣東西或關係，後來它突然消失或是損毀了**。

有的人失去之後才懂得珍惜，有的人本來就很念舊，失去以後更難以放下。**不論是哪一種情況，告別都是一個漫長的旅程**。在等待、猜測、懊悔的過程中，內心充滿焦慮和恐懼，但又希望這個失去並不是「確定」的。

有時候，我們想要的並不是挽回一個人、一件事，而是從對方身上找到一個答案。

有一天，當你終於接受了所有的愛都會離開，也會以另一種形式回來。那個因為不斷尋覓、等待而迷失的自己，才有可能回來。

所有的愛最終都會離開
但歲月會讓它們用另一種形式回來

寂寞是一種不被了解的苦

不知道你有沒有把自己的心「鎖起來」的經驗？在人際交往中，你覺得自己比不上周遭的人，所以當其他人想要靠近你的時候，就賭氣地走開；你覺得自己的世界不會有人懂，因此拒絕別人的關心；你太害怕拖累別人，所以寧願選擇自己一個人。

從心理學客體關係理論（Object Relationship Theory, ORT）的角度來看，「寂寞感」常常跟原生家庭有關。如果你是一個經常感到寂寞的人（我習慣稱之為「寂寞患者」[1]），很可能是童年的時候沒有好好地被「愛夠」，所以那些匱乏在你心裏逐漸挖掘出一個洞，讓你覺得自己很空、很空。當你覺得孤單、沒人可以訴說心事時，也許就會想要抓住一些什麼，來填補內心的洞。

根據心理學界廣泛使用的UCLA寂寞量表定義（University of California, Los Angeles, Loneliness Scale）[2]，孤獨指的是「普遍人際關係的缺乏」，根據保羅．威斯（Robert Weiss）與其他後續的研究，包含類似下面狀況：

- 我常常覺得內心空空的。
- 我希望有人可以陪伴我，而不是像現在這樣。
- 我身邊沒有任何一個讓我可以感到親近的人。
- 我沒有可以信賴的朋友。
- 有困難的時候，我覺得沒有人可以幫我。
- 我覺得身邊沒有人可以依靠。

以上的項目符合越多，孤獨寂寞的指數就越高。簡單地說，保羅．威斯認為寂寞感之所以會發生，是因為「想要與人連結」的需求沒有被滿足，「覺得自己沒有價值」或是「覺得沒有人了解自己」。如果進一步區分的話，寂寞還可以分成兩種，一種是情緒性寂寞（emotional loneliness），代表缺乏親密的依附關係（attachment relationships）；另外一種是社會性寂寞（social loneliness），是指缺乏有意義的朋友和歸屬關係。總之，如果你的朋友很少且經常感到寂寞，可能是「社會性寂寞」；而如果你有很多朋友，但只是萍水相逢、點頭之交，或者彼此沒有深入的連結，很可能會有「情緒性寂寞」；如果你身邊連一個可以依靠的人都沒有，可能同時擁有以上兩種感受。

如何跟寂寞共處

考考大家一個問題，你覺得老人跟青少年比起來，誰比較寂寞？大多數的人都會猜是老人。楊百翰大學（Brigham Young University）的學者朱麗安．霍爾特．倫斯塔德（Julianne Holt-Lunstad）與其同事針對七十項研究進行後設分析，結果顯示，寂寞感在青少年時期達到頂峰[3]。其實青少年是最寂寞的一群人，一方面是因為他們處在人格發展歷程中很需要同儕認同的階段，開始建立自己的人際關係網，也容易在學校遭受同學的霸凌跟排擠。另一方面，他們覺得不被身邊的老師、家長理解，對自己也不是很了解，在這種雙重壓力下，產生寂寞感。

面對寂寞，每個人的應對方法不同，但概念是一樣的：做能夠讓你感到平靜的事情。

例如，用掌心揉揉自己的胸口安撫自己，跟自己說：「沒關係，有我在這裏陪伴你。」有的人會用替代性客體（alternative object），像是聞一聞小時候陪伴自己睡覺的小手帕，或者抱抱擺在床頭的小熊玩偶。

擺脫寂寞很重要的一點，就是與人建立連結。不論是面對面聊天，或者是用社群媒體對話，都是化解寂寞的方法（但過度使用手機，可能會有反效果）[4]。此外，也可以參與志工團體，報名一些自己有興趣的課程。但要注意的是，你所選擇的交談對象是要能夠支持你、理解你的人，而不會在「心理上」把你給推走。

從榮格心理學的角度來看，大地之母（the mother of earth）也是一個重要的連結，這就是為什麼有些情緒低落的人走出室內，接觸大自然，赤腳踩在土壤上，就會獲得一種身心舒暢的感覺。你也可以和我一樣，嘗試到公園裏擁抱一下大樹，然後閉上眼睛，細細聆聽樹上的蟬鳴聲。

1 這個詞的靈感來自〈孤獨患者〉，是我很喜歡的歌手陳奕迅（Eason）的一首歌，由小寒作詞，歌詞描述一群人在 KTV 唱歌，熱鬧中卻諷刺地呈現出孤獨的氛圍。在這裏我所說的「寂寞患者」是用來形容「經常性感到寂寞」的人，這些人有可能像小寒的歌詞裏面描述的一樣戴上面具偽裝，不顯露出寂寞；也有可能乾脆不裝了，向身邊的人坦承自己很寂寞。

2 Russell, D., Peplau, L. A., & Cutrona, C. E. （1980）. The revised UCLA Loneliness Scale: concurrent and discriminant validity evidence. *Journal of Personality and Social Psychology*, 39（3）, 472.

3 Holt-Lunstad, J., Smith, T. B., Baker, M., Harris, T., & Stephenson, D. （2015）. Loneliness and social isolation as risk factors for mortality: a meta-analytic review. *Perspectives on Psychological Science*, 10（2）, 227-237.

4 我們目前僅可以確定社群媒體成癮與寂寞有關。穆斯塔法·薩維奇（Mustafa Savci）與費爾達·艾桑（Ferda Aysan）針對 307 名（164 名女性，143 名男性）大學生進行研究，發現社群媒體的使用可以預測寂寞感（寂寞時會用社群媒體）；另一個研究中，安德·

巴爾塔奇（Önder Baltaci）針對 312 名土耳其大學生調查發現，社群媒體成癮程度越高，社交焦慮越高，幸福感越低。到底是寂寞的時候會使用社群媒體，還是社群媒體越用越寂寞？還是兩者都有？我的想法是，這可能跟「社會支持的品質」有關，寂寞的時候找人聊聊很好，但如果你都是在瞎滑手機，可能效果不大。附上兩筆研究文獻：

- Savci, M., & Aysan, F.（2016）. Relationship between impulsivity, social media usage and loneliness. *Educational Process: International Journal*, 5（2）, 106.
- Baltaci, Ö.（2019）. The Predictive Relationships between the Social Media Addiction and Social Anxiety, Loneliness, and Happiness.*International Journal of Progressive Education*, 15（4）, 73-82.

寂寞不是因為沒有人陪
而是沒有被真正地理解

其實，你已經很努力了！

有時候，我們會用「討厭自己」來保護自己。

當你內心面臨某種矛盾跟「想要反抗什麼」這種感覺的時候，首先要幫自己鼓鼓掌。這代表你並不安於現狀，想要為自己做點什麼。從某種角度來看，你戰勝了內心的怠惰，只是不知道如何跨出下一步。

根據奧地利精神分析專家安娜·佛洛伊德的觀點，在眾多防衛機轉當中，有一個比較少被提到的是「和自己作對」。你之所以討厭自己，是因為心裏有一個假設，討厭自己是最糟糕的情況，還有比這個更糟糕的嗎？

「海苔熊，我已經很努力了，但他對我還是忽冷忽熱。我知道這樣很傻，可是愛上了，實在沒有辦法。每次我們約砲，我都想著在性愛技巧上要多精進一點，對他更溫柔一點。可是，不管我怎麼做，他都說雖然我很重要，他的正牌女友也很重要。我常常想，是不是我不夠好，不夠好到他有我就夠了？」

聽到這樣的話，真的很令人心疼。從心理學的防衛機轉來看，有一種可能是：**當她選擇相信「是因爲自己不夠好，他才比較愛另一個人」，她終於可以逃避去面對「不管做什麼，他都不會把自己放在第一順位」的恐懼。**

我們之所以選擇相信自己不夠好，是因為它創造了一種「我好像還可以更努力」的可能。然而，不論她多麼努力，結果都不會如她所想要的，於是她試圖做更多事，來讓自己變得更好。

瞧，這是不是一條沒有終點的路？

她選擇在這條路上苦苦掙扎，是因為相信他們之間還有可能，或是自己還有努力的空間。比起他就是不夠愛自己，或許沒那麼痛苦。她寧可壓抑自己內心的委屈和悲傷，也不願面對清醒之後的孤單。她太害怕只剩下自己一個人，所以緊緊抓著對方不放，在自我厭惡和被拋棄之間，選擇了前者。

不論是感情、人際關係，這種徒勞無功的努力，常常帶給當事人一種悲劇性快感。

「我已經做了這麼多，還是沒有人喜歡我，那就真的是我不好了。」

「我已經用盡全力去愛你，你還是覺得我不夠好，就是我不值得被愛吧？」

不知道為什麼，只要這樣想，就會讓他們有種安心踏實的感覺。

事實上，他們的痛苦來自於不夠愛自己。所以，真正困擾他們的並不是這個人愛不愛自己，而是有沒有辦法和自己共處。

其實，你已經很努力了！就算被討厭也沒關係，就算流眼淚也沒關係，就算覺得痛也沒關係。你的人生是自己的，你可以為自己而活。

如果你已經好努力好努力，但還是被打回原形，那麼請不要責備自己，因為那並不是你的問題，每種情緒都有它的陰影，而且陰影也有它的能力，或許因為這些情緒，在過往的日子裏，你可以靠著它們撐過許多一般人撐不住的過去。因為它們也是你的一部分，也需要你好好的疼惜，它們需要的是擁抱，而不是刪掉；它們希望你能夠慢下來，而不是匆匆的走開。

這就是為什麼，你越想要趕快好，就越是不會好。你心裏面那個「急」會把你帶向遠方，離開那個孤單的、寂寞的、渴望被照顧的、所以只好大哭大鬧讓你看見的，你自己的一部分。它其實需要的是你回來，而不是走開。當你能夠允許自己慢慢來，或許這樣的靠近，會讓彼此都能夠好起來。然後彼此手牽手，一起回家。

「在看不見天光的時候，要相信你的心裏，有一個神燈精靈在守候。他可能是你的枷鎖，但另外一方面，也可能是你痛苦的出口。」一個朋友跟我說，他面對過許多生命中幾乎快要過不去的路口，但每一次的生死關頭，他就會想到心理師跟他講的那句話：「好好疼惜自己，因為你值得。」

可能是因為這句話，他在陽台上面轉身、從椅子上面走下來、把吞下去的藥都吐出來、然後終於看見自己沾滿血的手，是多麼的渴望被擁抱。如果傷口短時間不會好的話，就慢慢來吧。感覺無力的話，就嘆氣吧，把不好的氣都嘆出來，好的氣才會進來；如果無論如何都覺得難過的話，可以試著想像在你的內心深處，還有「熊燈精靈」陪著你。它在寒冷的、孤獨的、下著雨的夜裏，點亮你那顆，渴望被溫暖的心。

越過了許多難捱的日子

走到今天的你，

已是一個很有用的人了。

給「計劃癌」患者：想再多都沒有用，不如動手做

你身邊有這種人嗎？

- 遇到事情的時候會猶豫很久，總是拖延決定到最後關頭。
- 決定以後又常常後悔下次跟自己說要早一點設想和計劃。
- 雖然計劃了很久，但還是拖延到最後才決定。
- 怕別人失望所以努力避免出狀況。
- 成功避免的時候覺得自己是運氣好，出狀況的時候跟自己說：「你看吧！我就知道會這樣！」

這種人我覺得可以給他一個有趣的小名字，叫做「計劃癌」患者。「計

劃通」和「計劃癌」往往是一線之隔。「計劃通」會適度的規劃，並且知道什麼時候該「停止」；「計畫癌」的劇本有很多支線，常常沒有盡頭，就算有盡頭，也都是糟糕的預測。那該怎麼辦呢？重要的事情，在腦袋裏面想一萬遍也不會實現。而且更悲慘的是，你在想的同時，焦慮就會不斷地堆疊。

前幾天牙醫師炫晨看我在練背部肌肉都用肩膀代償，跟我講了一句話，一語驚醒夢中人！

「你知道嗎？你的肩膀根本就是在瞎忙。你想要練的部位，都沒有練到。」

回家路上我一直在想，這個狀況其實就和前面談到的「計劃癌」有點像，當你花很多力氣在計劃，你就變成想法上的巨人，行動上的矮人——事情沒有太多轉變，煩惱卻不斷增加。而且時間不斷推進，你會越來越焦慮、更多的思緒湧現，巨人越來越大，行動的矮人越來越小。

很多人跟我一樣都有拖延症：明明知道有很重要，卻總是先解決小咖，把重要的事情拖到火燒眉毛，才要開始做。為什麼會這樣呢？有一種解釋是「自我設障」（self-handicapping）——考前打電玩，這樣如果考差了，就可以說是電玩害的；如果僥倖考好了，就覺得自己好棒棒，不用讀都還可以考那麼好。還有一種解釋是任務太大了，總覺得一做要做好久，不如先來解決小嘍囉吧！但等你把雜事處理完，就會發現那些重要的事情你會更不想做，因為你已經沒力了，或是又找其他雜事來做（哎呀，房間好久沒有整理了……）。

總之搞到最後，覺得自己好忙沒時間，但是又什麼事都沒做好。下面幾個方法破解沒時間做重要事的困境，與大家共勉：

1. **事情滿載時，有些事其實不用載**：這是我以前一個女朋友教我的（我們懷念她！），有次我要考一個重要的試，可是雜事很多，她就叫我把行事曆拿出來，然後問我這些事裏面，有沒有其實不需要我做的，或是沒有一定要做、甚至是可以暫時停做一次的？我想了很久，都想不到，後來她說：「無痛斷肢是不可能的啦，你要完成重要的事，就要做出犧牲！」後來，我刪掉了兩個晚上的聚餐、翹了一個語言課、把幾項工作延期一週，空出比原先更多的時間。

2. **任務越大，要切越小**：這是一個老師教我的，我記得那時他說：「一想到要寫一本厚厚的論文，光想就覺得累了，要坐在桌前多少小時啊。所以你就去做一堆無關緊要的研究、刷馬桶、寫一些閒文章，說服自己有在做事情。可是，其實你可以先把這件事情想小一點，不要去想以後的事。比方說，先從一天看兩篇 paper、收十個人的資料，真的不行，就打開 word 把你讀的三篇文獻整理起來也可以。」

3. **開始做之後，就不再那麼難了：**這是我忘記在村上春樹哪本書裏看到的，叫做「錢德勒法則」。有人問作家錢德勒（Raymond Chandler）說：「要寫文章卻沒靈感怎麼辦？」他說：「就想辦法讓自己坐在桌前兩小時就可以了，讀書也好、塗塗寫寫也罷，總之不要離開去玩耍。」我自己是覺得，寫不出東西的時候可以翻翻書，就會有很多感觸和想法了。以前上寫作課時，教授說過一段話也讓我記憶深刻：「坐在電腦前，先嘗試打出一兩行，就算是廢話或日記也行，不要想這些最後能不能用，寫就對了。」當你開始寫一些東西之後，文字的節奏就會帶領你繼續寫出更多東西。

4. **把計劃告訴別人：**這招常常運用在行為改變上。有些治療師常常會跟個案約定一些事情或功課，比方說每天記錄飲食內容，或是一個月後要改善某個習慣。這樣就不會每天都跟自己說明天要減肥，夏天到了卻還是一樣肥；早就想好要考英文檢定考，卻一直沒有在念。自我敦促很容易會偷懶，告訴越多人，就會有你一定要做到的壓力。例如，我心理師好友毛毛兔每天都在臉書上分享她跑步、運動的分鐘數貼文，讓大家看見、幫她按讚，因為這件事情是每天進行的，偷懶大家都看得見。

最大的敵人不是時間，而是心裏的不情願。拖拉越久，就越不想做，需要啟動的能量就要消耗更多。慢慢做，會做完的！

最大的敵人不是時間
而是心裏的不情願

日常默默有光，就是活著的意義

「比起活成別人的期待，你更需要的是做你自己。」你大概已經聽過這種話幾百遍了。

從小到大，你活在其他人的眼光裏，為了滿足家人的期待，選擇了自己沒有興趣的科系，進入你不想要的行業工作，讓你覺得活得很不快樂。西方主流心理學常說，要尊重彼此的界線，不要把別人的期待變成自己應盡的義務，那是因為他們不曉得親情在華人文化當中的份量。

有時候，我們犧牲自己的夢想，去做長輩希望我們做的事，可能是不確定自己要的是什麼，也可能是因為太在乎他人的眼光。

你也曾找不到人生方向，覺得自己不夠好，擔心自己比不上別人而感到迷惘，不知道接下來的人生要怎麼走嗎？

有部電影《靈魂急轉彎》，雖然是輕鬆小品，卻觸及了很多深刻的人生議題。

故事描述一個桀驁不馴的靈魂22號，許多靈魂導師嘗試協助他找到自己的「火花」，可是不知道為什麼，他總是興趣缺缺，一直被困在靈魂先修班當中，沒辦法畢業，投胎轉世。相較於「不想活」的靈魂22號，劇中另一位主角是「不想死」的爵士鋼琴演奏者 Joe——他才剛獲得夢寐以求的上台表演機會，就意外地跌落水溝裏死去。

一個想要活下去的中年男子，與一個不想活著（只想待在靈魂空間裏）的小屁孩，意外地在靈魂空間相遇，成為彼此的心靈導師，走上另一段生命旅途。

最終，他們對於人生的想法都有了一些改變，尤其是Joe，開始活出未曾活過的人生。

我們生活在處處用「價值」來衡量的社會，也經常用它來評價自己，像是賺多少錢？有沒有車子和房子？隨著社媒體的發達，在社會比較（social comparison）心理下，常會產生自己不如人、嫉妒，甚至憂鬱的感覺。有些人甚至開始懷疑自己活著的意義是什麼？

影片當中，Joe可能是一時心急，想要回到自己的人生，對22號說了一句很重的話：「你根本不知道你的志向是什麼！」沒想到，這句話烙印在他的心裏，從此變成「忘我區」的怨靈，任何人靠近他時都會忍不住嘶吼、狂奔，像發了瘋一樣，讓人難以親近。

你可能和他一樣，長時間被某些想法困住。很可能是因為過往有個對你來說很重要的人講過什麼話，例如：「你長這樣，以後有誰會要你？」「你走了我比較開心！」「我後悔當時生下你！」……他們口中的一句話就把你推到了谷底。

我曾經詢問那些自我價值感低落的朋友，最想要的是什麼？大部分的人都回應：「我只希望當初對我說那句很重的話的人，能夠跟我道歉。」

他們等待一句真誠的道歉，可能一等就是十年，甚至一輩子。

除了等道歉，其實你還有別的選擇。片中，為了自己的理想目標奮鬥一輩子的Joe，終於一償宿願，經歷了一場像是心流的發表會，失去了人生目標。而讓他重新找回生命動力的竟然是樹上飄落的一片葉子。

而一直覺得自己不足的22號，把所有人都推走，最後讓他跟Joe和解的也是那片葉子。

如果你跟 Joe 一樣，人生中大半部分的時間都被人瞧不起，說出的志向總是被別人說沒有用；如果你跟22號一樣，透過某種逃避來閃躲那些「你還沒有活出來的人生」，那麼你需要的解方，就是「當下」。

近十年來，心理學界非常流行一個方法，就是「正念」（mindfulness），投入以及專注於你目前想做的、喜歡做的事情，並且敞開一切地感受它。例如片中的22號在體驗「人類世界」的時候，會好好享受一塊披薩的滋味、一顆貝果的香氣，或是在地鐵上聆聽街頭藝人演奏的音樂，這些都是 Joe 的日常，但他卻從來沒有放在心上。

或許你我都一樣，每天過得匆匆忙忙，幾乎忘記自己吃了什麼，去了哪裏，看到什麼風景。但如果走路不再低頭滑手機，而是仰望45度的天空，說不定你會有意外的收穫。

一位被憂鬱困擾多年的朋友告訴我，有些時候，治癒他的可能是窗台上的一片雲、黃昏時候的一抹陽光，甚至空氣當中燃燒稻草的味道。其實大自然給予我們很多很多，只是我們往往忽略了去觀察和珍惜。

「平靜就在每一步之間。」（Peace is every step.）

——釋一行禪師（Thich Nhat Hanh）

如果你可以專注在每一個當下，你吃的食物、你的每一道呼吸，那麼你的注意力就會從負面情緒，轉移到你所感受的片刻。

好好品嘗眼前的咖啡，看看難得露臉的冬日陽光，就會發現，每一天的日常，都默默有光。

如果你總是在做自己不喜歡的事
久了以後你也會成為自己不喜歡的人

我很想要，但我得不到

「說，你是不是跟她在一起，還是你的心裏已經有了別人？為什麼最近都不理我？」

「為什麼你的ＩＧ追蹤這麼多網美？」

「我真的不懂，她為什麼會喜歡上你這種人？」

這些話聽起來很熟悉嗎？背後或多或少都藏了一些不安全感，但有個共同點叫做「嫉妒」。有人擁有你羨慕的東西，你很渴望，但卻得不到，讓你產生痛苦的感覺。

在心理學研究中，嫉妒（envy）是一個很複雜的情緒，通常我們不會隨便去嫉妒一個人，這個人必須與我們有關，或是和我們有一些共同的特徵，也就是所謂的「相似性」（similarity），才會成為「社會比較」的對象。

開放式關係（open relationship）的經典《道德浪女》[1]，作者珍妮．W．哈帝（Janet W. Hardy）與朵思．伊斯頓（Dossie Easton）曾對於親密關係當中的嫉妒有細膩的描述：

- 嫉妒是張面具，戴著面具的是我們的內在衝突，希望能夠得到解決。
- 嫉妒就是一個人把自己的不舒服情緒，投射到他的伴侶身上。
- 沒有人的行為能夠「使」你嫉妒；同樣地，當你感覺到嫉妒的時候，也只有你自己能夠解救自己。

當我們感到嫉妒的時候，內心有一個需求就是：我希望我的感受，有人能夠傾聽。所以，當你的行為令人產生嫉妒的時候，不需要做什麼，只要好好聽他說話就可以了。

擁有嫉妒這種情緒是很正常的，可是，如果你把嫉妒當成對方應該擔負的責任，很可能會在這段關係當中造成一些傷害。

例如，你嫉妒他總是比較快回覆學妹的手機訊息；他寧可花時間在網路上發廢文，也不願意主動打電話關心你……

我知道，你的心裏有好多不平衡的情緒翻騰不已。問題是，要怎樣讓它「過去」呢？

你可以容許自己嫉妒，並且拿出紙筆或手機，記錄一下這種嫉妒的感覺。對方做了什麼事情、你的感受是什麼，例如憤怒、悲傷、焦慮、擔心、恐懼、害怕被遺棄等。當然，這個過程很痛苦，可你如果一直逃避它，就會把力氣花在其他地方，情緒也會一直卡在那個點上。

從完形治療角度來看，當你好好去經歷情緒，就不會有心中某個情緒被壓抑在那裏的感覺。

如果你覺得度過這個時期很痛苦，可以練習讓自己感受三分鐘、五分鐘，或者十分鐘的嫉妒感，然後慢慢延長時間。要注意的是，**盡可能去感受情緒本身，而不是推測或懷疑對方在做什麼**。比方說，你懷疑男友背叛了你，你想拿起手機傳訊息給他，試著在傳訊息之前，再讓自己多感受幾分鐘，這個「想法」背後隱藏著什麼情緒？是覺得自己不夠好？還是害怕有一天這段關係會結束？好好安放自己的心情，那些讓你波動的事情，就比較波瀾不驚。

不過有些嫉妒，不是你可以控制的。前些日子，有個朋友Muse和我說，她男友希望她把前任送她當生日禮物的杯子丟掉，「只要看到這些東西，我就會想起過去他是如何糟糕地對待妳！」男友說。

她很清楚男友這麼說不只是心疼她，也藏著一些嫉妒。她男友是個占有欲很強的人，無法接受她心中一直保留前男友的位置，兩人經常因為這件事情爭吵。

「可是，不論前男友對我多糟糕，他還是我曾經愛過的人。如果丟掉那個杯子，等於否認我們過去在一起的那段日子，也等於否認了我人生的一部分。只不過，這樣的真心話，我卻沒有辦法告訴他。」

就跟所有失戀的人一樣，當一個人已經不在身邊，當那些美好的回憶都已經無法重現，我們很容易活在記憶的裂痕裏，反芻（rumination）一些與事實相反的狀況，像是「如果當初我……是不是就不會變成這樣呢？」

既然回憶過去那麼痛苦，為什麼還要回想呢？因為那個記憶創造了一個「可能的世界」，耽溺在那個世界裏，兩人還可以甜蜜地在一起，也就是所謂的慢性哀悼（chronic mourning）的過程[2]。

心理學家科琳．薩弗里（Colleen Saffrey）與瑪麗恩．埃倫伯格（Marion Ehrenberg）指出，在感情裏面缺乏安全感的人（例如焦慮依戀者）會在哀悼的過程當中，重複驗證（self-affirmations/varification）[3]自己的不好，好像唯有如此，才能夠讓這個關係持續下去。

後來Muse整理了兩大箱前男友送的衣服、書籍、筆記本、娃娃，還有那些她以為已經遺忘，卻藏在記憶深處某個角落的東西。

「整理這些東西的時候，我才發現，其實我也得面對自己的嫉妒、不甘心。他最後劈腿的那段日子，我經常在想，是不是自己哪裏做得不夠好，他才會跟別人跑了？上天怎麼對我這麼不公平？我到底哪一點比那個女的差？我留下這些東西，也是想要證明，儘管他最後選擇的不是我，但他曾經愛過我。」

其實她傳訊息給我的時候，我就知道，她還沒有辦法放下過去，所以選擇把前男友留下的東西先放在角落。等到哪一天她可以安頓自己的情緒時，就可以對這件事情淡然處之。

面對自己的嫉妒，我們可以先讓自己去經歷情緒，而不要否認它的存在。當你放下防衛心，就能看見一直阻礙你的那個心魔，其實自始至終都只是泡影而已。

而面對伴侶的嫉妒，你需要留一個空間給他，好好聆聽和理解，究竟是什麼困住了他。隨著時間，那些你所不明白的一切，會逐漸明朗起來。

---

[1] Hardy, J. W., & Easton, D.（2017）.*The Ethical Slut: A Practical Guide to Polyamory, Open Relationships and Other Freedoms in Sex and Love*. Editeurs divers USA. 中文版由張娟芬翻譯，游擊文化出版。

[2] Bowlby, J.（1980）. Attachment and Loss: Vol. 3. Loss, Sadness and Depression. New York: Basic Books.

[3] Saffrey, C., & Ehrenberg, M.（2007）. When thinking hurts: Attachment, rumination, and postrelationship adjustment. *Personal Relationships, 14*（3）, 351-368.

熬過情緒的頂點
人才會欣慰自己又比從前
更溫柔一點

你眞正想幫助的那個人，是自己

當你內心有某個衝動，但是你試圖去壓抑（repression）它時候，就會出現焦慮、恐懼的感覺。你一方面很害怕那些黑暗的部分被看到，可是另外一方面，維持現狀又讓你繼續感覺痛苦，內心有兩個自己在打架。不過，你並不一定會發現這件事情，有些時候你的壓抑會讓你以為「有問題的是別人」！

有個朋友跟我分享他甩掉前任的過程，他覺得他好棒棒，分手之後一滴眼淚都沒有掉。「其實你才是那個害怕被丟掉的人吧？所以在那之前，先把對方給丟掉。」在聽完他的故事之後，我跟他分享我對他感情的觀點，後來覺得我有點唐突，後悔把話講得太直。「我哪有！」他說，同時又臉紅。我那時候還自信滿滿地覺得他正在進行一個否認的動作（denial），但後來過了幾個月後我才偶然發現，當時的我好像把自己一部分的恐懼投射（projection）在他身上——結果繞了一圈，我才是那個害怕被丟掉的人。

不過，也因為這次的經驗，我發現原來抗拒這件事情可以不用急著讓自己「承認」，可以擺一段時間，然後慢慢地你就會出現一系列的聲音：

- 會不會那時候我在說的就是自己呢？
- 會不會他當時說的話是真的呢？
- 如果那是真的，那麼代表……？

在這個過程當中，你不一定要把他人的詮釋當作是唯一的可能性，但你可以嘗試把他們說的話當成「其中一種可能」，然後用比較彈性的觀點，來看待自己的否認。有趣的是，當你不逼迫自己去承認「一定是某一種人」，反而好像有一部分會慢慢被鬆開，雖然事情可能沒有太多的改變，可是你有可能會因為這樣，更接納自己一點。

最後，或許你要做的只是那句老話：把目光放回自己身上。當你花很多心力去幫助別人，卻一直不懂為什麼他們都沒有辦法改變的時候，或許那個真正需要被幫助的人，是那個已經很疲累的，你自己。很多書都教我們要愛自己，真正操作起來並不容易。

練習心疼自己，就是愛自己的開端。當你發現人生當中所有的不如意並不是來自於其他人如何糟糕地對待你，而是來自於你如何糟糕地對待自己，這樣一種真誠的心疼，或許暫時沒有辦法改變糟糕的現狀，但內心深處那個被壓抑已久的疲憊的需要，就會因為終於被看見，回應你的體諒。從今天起，用心疼別人的方式來心疼自己。

對自己失望是很正常的

那代表我們還有夢想，

還有要抵達的遠方

即使情況很糟，你依然是你

那天，爸爸沒有來。

幼兒園的才藝表演活動前，他跟爸爸約好一起吹陶笛，五音不全的兩人，在簡陋的頂樓加蓋套房，練了好多個星期。

可是，上台表演的那天，眼看下一個表演的是自己，爸爸並沒有出現。他不斷轉頭望著教室的後門，好希望下一刻爸爸就會出現，焦躁的小手不斷捏著陶笛——直到最後主持人喊他和爸爸上台的那一刻，他只好硬著頭皮，獨自走上講台，吹奏出第一個音符。

「良良，對不起啦！」身為律師的爸爸工作了一整天，雖然打贏了一場官司，卻輸掉了孩子對他的信任。

「我知道你很忙。」良良嘟著嘴，生悶氣。

那天夜裏，良良在椅子上睡著了。爸爸很愧疚也很心疼，幫他蓋上了棉被。

時光無法倒流，難道，真的沒有辦法彌補了嗎？

這是Disney+熱門影集《正義的算法》裏一段令人揪心的橋段。

如果你跟良良一樣，曾經有過被遺棄、丟掉的經驗（甚至還等不到大人的道歉），那麼記憶中這個「被遺棄的畫面」，會一直停留在你的腦海裏，讓你對任何「可能分離」的人際關係，感到恐懼。

連最親的人都可以不守承諾，那麼這個世界上，還有誰可以相信呢？你開始懷抱著傷口，用有色眼鏡去看這個世界。你告訴自己，發生好事，只是運氣好而已。

別人會稱讚你，是因為他們不認識真正的你。
不論表現得多好，你都覺得自己不夠好。
你不敢投入太多感情，害怕有一天終將會失去。
最後，劇中的爸爸幫良良在律師事務所舉辦了一場「父子陶笛發表會」，他們一起在同事面前吹奏五音不全的陶笛。看著良良的笑臉，我赫然發現，遺憾是有可能被彌補的。
重點在於他們一起經歷過的那段時光。良良的原諒，或許不是因為重新舉辦的發表會，而是那些過往他和爸爸在屋頂上一起練習的種種回憶。
如果爸爸從來都沒有和他一起練習，只在表演當天出現，那麼就算是一百個道歉也於事無補。
每一段關係，都是相處的累積。
你，是過去所有經歷的綜合。經歷了那些悲傷和失落，並不代表你不配得到快樂，你仍然可以讓正面經驗進入你的感覺裏。過往的傷害不會消失，但會慢慢地被稀釋。

即使童年很糟，你依然是你。

就算過去是場悲劇，你還是可以讓未來成為一齣喜劇。

♡

人生經常是憂喜相伴，所以你詮釋的視角，往往決定你的快樂是多還是少。

例如，在一段感情當中，你認真付出，最後他還是離開了。在職場上，你的表現始終沒有被主管看見，每次升遷總是輪不到你。有時你出於好意做某件事情卻發現「好心被雷劈」；你為了維持「好人」形象，總是心想「算了」！可是一次又一次的「算了」，讓你覺得心累。

這個世界的殘酷是：並不是所有的努力都會有結果。

「早知道當初不要這樣做就好了……」

我的督導長期做敘事治療，在他的觀念裏，常常會帶著當事人去看他們生命當中正向的部分，透過一次又一次講訴不同的故事，讓他們選擇用不同的眼光來看待自己的生命腳本。

「有些時候，我們要做的不是讓個案去看見他脆弱的、受傷的地方，而是陪他一起重新訴說他的故事。看見他不管在怎樣的苦難當中，仍然有毅力用自己的方式，活到今天。」督導說。

當你重複用一種負面悲觀的方式來說一件事，這件事情就會變成你對自己的認同——你覺得自己是一個悲慘、糟糕的人，所以遇到負面的、不好的事情，也是理所當然的。

尼采說：「與怪物戰鬥的人，應當小心自己不要成為怪物。當你凝視深淵，深淵也凝視著你。」[1]我的理解是，如果你一天到晚都看著那些黑暗的地方，那麼你最終會被黑暗給吞沒，甚至有天會變成黑暗本身。

所以有時候，背對深淵是重要的。下面提供我覺得對我有幫助的三個「背對深淵」的方法：

- 換另一個角度來描述自己的故事：雖然過往的那些創傷依然存在，但並不妨礙你成為一個「某些時候表現得還不錯」的人。例如，你很會唱歌、寫了一手好字，或是懂得聆聽別人的心事。你可以講一個「你好好聆聽某人，某人好好感謝你」的故事。
- 想像最好的自己：如果你肩頸太過僵硬，真的無法順利「轉身」的話，可以想像一個「你覺得最理想的自己」：他長什麼樣子？外表給人什麼感覺？他會如何生活？他一天的日子怎麼過？他的價值觀、個性和處理事情的方法是什麼？換句話說，如果你討厭現在的自己，不妨想像一下，你想成為的那個人是誰？然後每天讓自己靠近那個人一點點就好。比方說，我很欣賞有個朋友每天早上都去晨跑，工作效率又超好，如果我想變成跟他一樣的人，就可以早起跑個三公里。

• 多接近理想的自己「一點點」：如果前一個你做不到也沒關係，你可以選擇「接近」這個目標多一點。比方說，每天至少運動三十分鐘；如果還是做不到的話，就改成每天到公園快走十分鐘，慢慢朝向自己想要的目標前進，讓你每一天都過得更有動力。

馬卡龍思考法

最後我想提供一個好玩的方法。前陣子有件事情很困擾我，我左思右想，實在想不到更好的解決方法。散步時，我突然想到這個概念：「馬卡龍思考法」（MRCOLong，取各項目第一個字首組合而成）。當你遇到一個困境，怎樣的決定會達到最大的效益？

- 動機（Motivation）：用好奇的語氣問自己，為什麼要做這件事情，它帶來的好處是什麼？例如：上健身房幫助自己調整體態；和媽媽關係改善後，可以重新建立自己的安全感。
- 風險（Risk）：這件事情可能會導致什麼樣的風險？例如：報名健身房之後懶惰病發作又不想去；和媽媽溝通之後，發現自己越來越討厭媽媽，保持距離才是最好的選擇。

• 控制（Control）：如何在控制風險的情況下，能夠維持一部分的好處？例如：找朋友跟你一起報名，而且是不論如何會把你拖去健身的朋友。或是，先從增加跟媽媽傳 LINE 訊息的頻率開始，而不要立刻搬回家住。

• 初衷（Original intention）：你想要減肥是為了維持健康的體態，增加自尊心，找朋友一起去，會讓你覺得自己跟他越來越靠近、越來越有自信心？還是開始跟他人做比較？如果是後者，你可能要考慮其他的替代方案。想跟媽媽修復關係，是因為你不相信自己值得被愛。要如何改善這段關係，讓自己覺得是值得被愛的？

• 長期意義（Long term meaningfulness）：做這件事情在你生命歷史裏的意義是什麼？例如你覺得繼續胖下去，很可能會有一些生理疾病，如果體重減輕了，會不會讓自己過得更快樂？而修復與母親的關係，是希望媽媽還在世的這段日子，不要活得那麼痛苦嗎？

總之，你可以問自己：「現在我決定要做的這件事，到底想不想去做？」

如果答案是否定的，那麼做完之後，雖然會獲得安心的感覺，但卻無法獲得快樂。如果答案是肯定的，很可能在完成這件事情之後，有一種自我實現的滿足感。

---

[1] 這句話出自德國著名哲學家弗里德里希・威廉・尼采（Friedrich Wilhelm Nietzsche）的經典著作《善惡的彼岸》（*Jenseits von Gut und Böse*）。原文是：「Wer mit Ungeheuern kämpft, mag zusehn, dass er nicht dabei zum Ungeheuer wird. Und wenn du lange in einen Abgrund blickst, blickt der Abgrund auch in dich hinein.」

如果你覺得自己很糟
不妨張開雙臂，給自己一個大擁抱

給沒有自信的你

前陣子去參加電視節目錄影，結束之後，製作單位邀請一位資深藝人來賓跟大家一起拍照，他也很熱情地合影。有位工作人員詢問他是否可以多拍幾張拍立得照片，送給節目的粉絲，結果他委婉地拒絕了。

後來我去參加另一個節目錄影，突然冒出一個不在預料之中的採訪，當場有點錯愕，但還是在半推半就之下，接受了採訪。就在這時，和我同台的專家相當霸氣地對那名記者說：「嗯……我可以留 email 給你，但可能沒什麼用，因為我不接受採訪！」

對我來說，拒絕一直是很困難的事情，這兩個來賓的回應方式，簡直讓我看了目瞪口呆。

心理學上有個技巧叫做「腳在門內術」（Foot In The Door, FITD），當事人已經答應了請求者一個小小要求後，就更有可能再去做一個比較大的要求。雖然我知道這個原理，但是當時就挺突然的，心一慌，還是不知所措、糊里糊塗地答應了。

後來，我問這兩位來賓，怎樣才能有拒絕他人的勇氣？

「當你懂得自己的價值，就會發現，你的拒絕很可愛。或者說，**就算你拒絕了，你還是很可愛。**」

這位來賓講得很有道理，可我還是做不到啊！

另外一個來賓的建議，我覺得比較務實。他說：「當你無法拒絕的時候，可以嘗試地說：『我想一下』或是『等一等』，幫自己爭取一些時間。另外，你也可以推給經紀人。」就算沒有經紀人，不妨拿出手機假裝打電話，然後結束這個尷尬的場面。

後來我才明白，當你不敢果斷地拒絕一個人的時候，其實是在潛意識中認定自己「沒有價值」。你覺得必須順從他人才不會被討厭，捨棄自己的需求，才會討人喜歡。當你這樣做時，表示你不相信，就算自己什麼都不做、不聽話，還是會有人喜歡你。而當你不相信自己「就算沒做什麼也值得被喜歡」的時候，不論你多賣力做了些什麼，也只是在填補內心的焦慮與空虛。

把自卑當動力

不只是拒絕，社會情境也常會觸發我們對自己的評價。例如，逢年過節返鄉，親友之間開始比較誰家的小孩比較會讀書、賺的錢多時，你是不是和我一樣，有種想要躲到洞穴裏面的念頭？

每當家族裏的人問起你的感情狀況、工作、薪水時，你就會想起自己是一個不夠好的人，很多負面感受也一湧而上，像是：

- 這個世界上沒有人真正關心我。
- 我是失敗的人，做什麼都不會成功。
- 我是不被愛、不重要的。
- 我必須與別人保持距離才不會受傷。

上述幾個例子，在阿德勒心理治療裏稱為「錯誤的私有邏輯」（basic mistakes of private logic）[1]，往往來自於早期的童年回憶。如果你也有這些感覺，可以試著「乘坐時光機回到過去」。

我的治療師常常問我這個問題：「你說你常常覺得自己不好，這種感覺最早來自什麼時候？回想一下在你小的時候，發生過什麼讓你印象很深刻的事情？如果停格在當時的畫面，你覺得會看到什麼？你的感覺是什麼？那時候發生了什麼？你做了什麼回應？」

這個回憶往往反映了你在人際關係當中扮演的角色、你的人生課題。如果回憶中的你是退縮的、委屈的、受挫的，可能在往後的日子裏，你也習慣讓自己扮演一個「受害者」[2]。

真正重要的並不是過去的遭遇，而是從今以後，你想要追求的東西。自卑並不是什麼可恥的事，反而是一種讓你想要更好的動力。講起來很簡單，做起來難，這裏跟大家分享哈羅德·莫薩克（Harold Mosak）的方法叫做「踩你痛腳」：

- 首先，閉上眼睛，回想一個讓你覺得最近非常難堪的事情。當你全神貫注在這個想法上、覺得難過的時候，用左手按住右手的虎口，這就是你的憂鬱點。
- 請想像一下，在你身上發生過的美好事情。如果想不到的話，不妨想像一個你渴望發生的畫面，它真實發生的感覺（我想到的是前陣子去花蓮，在鯉魚潭上划船，那種自由自在的感覺）。

- 如果想到了，就用右手按著左手的虎口，這就是你的快樂點。
- 「定位」好兩個點以後，當你感到自卑時，也可以問自己一個問題：「為什麼我要選擇按憂鬱點，而不是快樂點呢？」

當有人能夠理解你的痛苦如實的發生，當有人能夠看見你過去到現在，這一段路走得非常辛苦，還是走過來了，雖然日子不會因此好轉，心情可能會有所轉圜。

聚焦在正向部分[3]，並不代表負向問題會消失，而是代表你的人生可以有所選擇。透過給自己一點點信心，重新定向（reorientation）目標，對未來產生希望。

你不妨試著想像：「明年這個時候，我想要變成怎樣的人？」

從新的一年開始，慢慢調整你的步伐。

對自己失望是很正常的，這代表我們還有成長和努力的空間。因為還有夢想，有想要抵達的遠方。

幫自己小小鼓個掌

前陣子我聽到 YouTuber 愛莉莎莎分享了一段過去的經驗，她談到自己好不容易才存到錢去韓國念書，所以一定要把它念完。但是學期快要結束之前，她接到了奶奶罹患癌症的訊息，她很焦慮，又不知道該怎麼辦才好。想了很久，最後決定還是留在韓國。

她告訴自己，最糟糕的情況就是回台灣的時候，奶奶病危了。

然後她回想起小時候奶奶希望她做的事，都有做到嗎？奶奶會叮嚀自己要好好讀書、認真賺錢，這個都有做到了。還有，她們全家都是天主教徒，小時候常常會上教堂，但是她都不相信上帝的存在……於是她就做了一件自己可以做到的事情，去韓國的教堂做禮拜，還拍成一段影片傳給家人。

那時，她的人生瀕臨崩潰邊緣，覺得生命如此短暫，念這麼多書有什麼用？很奇怪的是，當她做了自己可以完成的事情，原本憂慮的心情突然緩解了。

原本讓她覺得有罪惡感的是，明明奶奶生病了，自己為什麼還可以這麼輕鬆？她引用了《卡內基快樂學：如何停止憂慮重新生活》[4]書裏的這句話：「人生的不快樂大多來自於憂慮」才知道，我們很多的痛苦都是來自於憂慮，而我們擔心的未來不一定會發生，但卻會讓你的每一個當下都過得很不快樂。

愛莉莎莎的故事讓我想到林慈玥心理師曾經跟我分享過類似的話：「焦慮的人活在未來，憂鬱的人活在過去，真誠的人活在當下。」[5]

我們都知道，活在當下最快樂，但問題是要怎麼活在當下呢？尤其是你本來就是那種習慣未雨綢繆的人，出門時背包都塞一大堆東西，考試會帶一打橡皮擦，難道就只能把人生砍掉重練了嗎？

面對人生的無常，我們可以試著想想，如果最壞的情況發生會是什麼情景，然後練習接受，並且想想可以做點什麼來改變它。

生活就像是一台你所駕駛的車，焦慮是燃料，前方是目標，而你是控制方向的人。從現在起，你可以將雙手放在方向盤上，找回控制權。

首先，別把責任推給過去。沒錯，過去你吃了很多苦，受了很多委屈，只是那些黑暗的過去也有它的美麗，其中包含堅強的自己。

此外，別把責任推給未來。你越在乎的事情往往越會拖延。當你猶豫不決的時候，觸摸自己身體感到緊張的點，試著跟自己說：「是啊，我接受現在的我還沒有辦法決定，不過我還是能做出一些小小的改變。」

有個童話故事〈聰明的小裁縫〉，或許可以呼應前面這個概念。很久很久以前有個小裁縫，他打死七隻蒼蠅之後，跟身邊的人炫耀這件事，並且把「一次打死七個」這六個字繡在他的背上。大家看了都很害怕，覺得他力大無比，竟然可以一次打死「七個人」！

後來，小裁縫歷經了很多挑戰、戰敗了巨人，甚至完成了國王的三個委託，最後還逃過公主的追殺，過著幸福快樂的日子。

對於沒有自信的人來說，可以先從做一點小事（例如打死蒼蠅）開始，讓自己產生信心。就像是培養皿一樣，慢慢累積出一些東西，產生猶如打倒巨人的勇氣。

舉例來說，有段時間我很不想念書，每次打開書本都覺得頭昏腦脹。

萬事起頭難，當我開始做了一點點小事之後，像是打開電腦或是念了一頁的書，就可以繼續念下去。後來我學會了，乾脆不要關上電腦，也不要把書闔起來，就可以減少讓自己「阻抗開機」的時間。

下次，當你又開始自我懷疑的時候，可以跟自己說：「我可是早起念完一整個章節的人呢！」

「我曾經很懶散，不想要運動，但是在這樣的情況下，我還是到公園走了三圈。」

透過一點小小的鼓勵，至少會長出「再做一點什麼」的自信心來。

練習去看你已經「擁有」的部分，而不是「沒有」的部分。

明天是由許多個今天所累積而成的，你可以嘗試跨出一小步，情況一定會有所轉變。

[1] Nystul, M. S.（1994）. Increasing the positive orientation to Adlerian psychotherapy: Redefining the concept of"basic mistakes." *Individual Psychology: Journal of Adlerian Theory, Research & Practice.*

[2] 關於這個概念，可以參考蘇絢慧的作品：《受害者情結：擺脫惡性糾葛的人際關係，重新找回完整的自己！》。

[3] 關於這個概念，可以參考陳志恆的作品：《正向聚焦：有效肯定的三十種變化，點燃孩子的內在動力》。

[4] Carnegie, D.（2016）. How To Stop Worrying And Start Living & How To Make Friends And Influence People（Unabridged）. e-artnow.

[5] 感謝網友提供原始出處，原文來自 Dorothy Baldwin Satten: "When operating from authenticity, there is no anxiety or guilt. Anxiety is about the future; guilt is about the past. Authenticity is about the here and now." Satten, D. B.（2006）. *Real is better than perfect: Stories and sayings for self-healing*. Hopedancing Publ..

練習去看你"擁有"的部分
而不是"沒有"的部分
那些難以起步的旅途
就不會走得那麼痛苦

允許自己倒下，反而能成為自己的主人

你很愛一個人，但他並沒有那麼愛你，你卻沒有辦法放下他，也無法停止對他好。你把他偶爾的關心當作避風港，卻也漸漸成為困住你的島。

分手之後，你停止追蹤他的社群，卻無法停止在腦袋裏倒帶回想有關他的畫面。

對於某件事，你始終耿耿於懷，感到怨恨、放不下。你想要跟某個人和解，但見面時不是爭吵就是無言以對；你曾經嘗試努力做點什麼，仍然徒勞無功。

不知道為什麼，你總是無法喜歡自己……

有些時候，我們明明理性上知道自己適合什麼樣的人，很清楚跟誰在一起會陷入無限循環的地獄，但奇怪的是，我們還是會愛上「那個人」，愛到無法自拔。

「跟他分開之後，我開始練習過一個人的生活。」一個朋友Zoy跟我說，她才剛離開一段「照顧者」的關係，她說再也不要過得這麼辛苦，往後的日子她要好好照顧自己。但她才跟前任分開不到一個月，又開始照顧下一個男友。為什麼會這樣呢？

原來，她複製了母親的角色。

在成長過程中，由於爸爸長年生病，一直以來都是母親努力賺錢，獨立撫養兩個女兒長大，一邊還要照顧臥病在床的父親，壓力如山大。她看到媽媽這樣辛苦，很同情母親，但又無能為力。

長大以後，她發誓不要有個會拖累自己人生的伴侶，但她的前男友們，卻都是「拖累」她的人。

一開始我很為她感到不平，後來我發現，或許在她的靈魂裏，正默默「吸引」著這些人。所以，下一次她還是會身陷其中，扮演過度付出的角色。透過這種「跨時空的同理」，她能夠感同身受母親的無能為力，而過去沒有辦法和母親一起共同經歷的內在無力感，也得到了某種程度的救贖。但卻也因此把自己給困住。

直到她去接受心理諮商後，有了令人意想不到的領悟。

「一直以來我都以為，問題的核心在於我找不到一個真正愛我、適合我的伴侶。但其實是我從來沒有從媽媽身上獲得想要的愛。她把心力都花在照顧爸爸、努力賺錢上面，我才像是家裏的『媽媽』[1]，要照顧妹妹，可是，誰來照顧我呢？」

當她終於看見小時候那個沒有被好好照顧的自己，終於願意承認父親對她的影響，並且讓影響停留在此時此刻，感情生活也有了轉變。

幾天之後，她因為中暑，昏倒在最近剛交往一個多月的男友家裏。平常總是不習慣示弱的她，第一次有了被照顧的機會。

她開始明白，自己是可以被容許軟弱，不用一直擔任照顧者的角色。

「你生命中最美好的一刻，開始於你終於願意接納，那些你所經歷的困頓都源於自己，而不是源於你媽媽、總統或環境。你是自己命運的主宰。」

（The best years of your life are the ones in which you decide your problems are your own. You do not blame them on your mother, the ecology, or the president. You realize that you control your own destiny.）

—阿爾伯特・埃利斯（Albert Ellis）

當你終於認清，一切都是自找的，那些沒有盡頭的折磨才有了終點，改變也有了起點。

我們的內心糾結，往往來自於「抗拒」改變。奇怪的是，當我們主動走到情緒裏面，而不是嘗試把它擋在外面，內心世界的愁雲慘霧也會跟著散去。

如果外面正下著雨，不如好好享受下雨天的涼快吧！如果你覺得一個人淋雨很孤單，那就找個朋友一起在雨中散步。

月亮不分陰晴圓缺，一直高掛在夜空中。在烏雲的後面，總有一抹黃澄澄的月亮正對你露出微笑。

[1] 在心理學上這個概念叫做「替代配偶」（surrogate spouse syndrome），或「親職化小孩」（parental child），指那些還沒當夠小孩，就要被迫當大人的孩子，可能要照顧弟妹，或被迫扛起大人的情緒。聽起來很慘，但所有的事情都是一體兩面，這樣的現象不全然是「負面影響」，有時候孩子因這些磨練變得更體貼、能力更好。下附相關參考資料：

· Adams, K. M. （2011）. *Silently Seduced: When Parents Make Their Children Partners*. Health Communications, Inc..

· Love, P. （2011）. *The Emotional Incest Syndrome: What to do When a Parent's Love Rules Your Life*. Bantam.

· Chase, N. D. （1999）. Parentification: An Overview ofTheory, Research, and Societal Issues. In N. D. Chase （Ed.）, *Burdened Children: Theory,Research, and Treatment of Parentification* （pp. 3-33）. Thousand Oaks, CA: Sage.

輕輕閉上眼睛
感謝自己在生命最黑暗的時候
你願意溫柔地和自己相遇

哈囉，「你」在哪裏？

「如果你的耳鳴消失的話，那你會是什麼？」

前陣子我的治療師問我這個問題，老實說，我還真的沒有想過這個問題。「我覺得就可以好好寫論文，我就變成一個健康的博士生，而不是一個病懨懨的病人了。」二〇一九年末我從加州回來之後耳鳴至今，比較嚴重的幾個晚上，常常苦不堪言，什麼事都不能做。

「但你這段生病的時間還是有寫一些論文啊！只是，如果你耳鳴好了，就會失去一個『病人』的身分和角色。」他說。

有些人在諮商的後半，會形成一種矛盾的感覺：有一部分的自己想要趕快好起來，症狀也的確有改善；但另外一部分的自己，又有一點抗拒好起來，因為心裏面有個擔心是：「如果我好起來了，是不是就不能夠每週來這裏接受關心了？為了避免那種可怕的狀況發生，那要不就我先丟掉你，不然就是我永遠都不要好起來！」

事實上，每個人身上都有多重角色。你可以是病人，也可以是路人，還可以是你媽的兒子、你弟的哥哥、你老闆的下屬。無論你是不是病人，都可以在生活當中扮演各種角色。

所以，治療師要對我說的或許是：**真正的問題並不在於，如果耳鳴消失了之後會怎樣，而是不當病人的時候，我在當什麼？**

倘若「病人」的角色常常出場，那麼連你自己也會討厭自己，並且透過**別人討厭你，來驗證自己果然是值得討厭的人，藉此獲得一種微妙的安心。**

如果病人出場的時間稍微少一點，有的時候你可以當幫助別人的人，有的時候你可以當貓奴、當有一點點生產力的人，那麼你的日子，就不是只有生病而已。或者更精確的說：你可以一邊生病，一邊活出不同的自己。

人生本來就充滿困境，有時候用「扮演」可以協助你越過這些困境。

例如，前陣子在跟 Lily 錄音聊到的知名動畫《間諜家家酒》（SPY×FAMILY），就把「扮演」這件事情發揮得淋漓盡致。這部動畫描述西國的間諜「黃昏」為了完成任務，和具有「讀心術」能力的主角「安妮亞」、表面上是公務員實際上是殺手的「約兒」組成一個家庭。

黃昏內心有一個柔軟的一塊，表面上看起來雖然冷淡、就是很理性、充滿規劃，但實際上希望所有的小孩都能夠得到愛，不要像自己童年的時候一樣；約兒私底下的職業雖然是殺手，但這也是迫於生活而不得已的，和弟弟相依為命一起長大。安妮亞更是在孤兒院裏面，被領養之後又三番兩次丟回去的可憐小孩，她其實在心裏面只想要有一個家，一個真正的家，以及不會丟棄她的爸媽。

換句話說，三個人各自都有各自的祕密與目標，在各懷鬼胎的情況下，組成了家庭，可是卻也在每一天的日子裏，去體驗家人的美好生活。之所以片名翻譯成《間諜家家酒》，有一個關鍵的隱喻在於，大家都不是彼此真正的家人，但因為扮演家人這件事情，反而讓三個孤零零的心，可以更靠近。

把上面這個「家庭」平行到你的心裏，其實你的內在也有一個「間諜家家酒」一般的家庭，當你嘗試讓心裏不同的部分（parts）[1]好好彼此貼近，那些你不曾好好被對待的自己，就有可能被療癒。

例如，你一天當中可以有一個時刻，讓自己泡一杯熱可可或咖啡，好好地和自己說話，把那些負面的、黑暗的東西丟在一旁。你不一定要立刻放下這些角色，但是可以先暫時「放生」它們，然後專注在當下的事情。

離開治療室之前，治療師出了一個作業給我：從今天開始，寫「身體日記」吧。把手放在身上覺得不舒服怪怪的地方，並且好好關心它們，有沒有什麼想要說的話，把這些話記錄下來。

當我真的安靜下來，居然有一些感受從心裏面冒出來。

「你可以同時是病人，同時是你身體的主人，照顧它、關心它，給它想要的對待。」

如果這個「自我關懷」[2]的角色你已經遺忘很久了，那麼也沒關係，從現在開始，慢慢地把自己找回來。

[1] 理查德·C·施瓦茨（Richard C. Schwartz）的「內在家庭系統治療理論」（Internal Family Systems Therapy, IFS）指出，人的內在有不同的「部分」，有點類似動畫《腦筋急轉彎》（Inside Out）裏面的腦筋急轉彎樂樂（Joy）、憂憂（Sadness）、怒怒（Anger）、厭厭（Disgust）和驚驚（Fear）等等，遇到不同狀況，會轉換角色「站到主控台上」。所以，你也可在心裏面想像有一個「生病的自己」、「像學者一樣的自己」或「像安妮亞一樣可愛的自己」等等，這些不同自我之間是如何相處，又是如何面對外在的世界？類似的概念許多相關的書籍有提過，以下列出參考資料：

- Schwartz, R. C. （2013）. Moving from acceptance toward transformation with internal family systems therapy （IFS）. *Journal of Clinical Psychology*, 69（8）, 805-816.
- Schwartz, R. C., & Sweezy, M. （2019）. *Internal Family Systems Therapy*. Guilford Publications.
- 留佩萱（2022），《擁抱你的內在家庭：運用 IFS，重新愛你的內在人格，療癒過去受的傷》，三采。

· Kross, E.（2021）. *Chatter: The Voice in Our Head, Why it Matters, and How to Harness it*. Crown.（中譯書名為《強大內心的自我對話習慣：緊張下維持專注，混亂中清楚思考，身陷困難不被負面情緒拖垮，任何時刻都發揮高水準表現》，由胡宗香翻譯，天下雜誌出版。）

2 近年來自我成長、心理學書籍相當普遍的概念，指的是「溫柔而慈悲地對待自己」，用理解代替責備，用包容取代處罰，就像是對待你的好朋友一樣。研究顯示，能夠自我慈悲對待自己的人，通常有較高的心理健康與復原力：

· Neff, K. D.（2011）. Self compassion, self esteem, and well being. *Social and Personality Psychology Compass*, 5（1）, 1-12.

· MacBeth, A., & Gumley, A.（2012）. Exploring compassion: A meta-analysis of the association between self-compassion and psychopathology. *Clinical Psychology Review*, 32（6）, 545-552.

覺察帶來選擇

選擇通往改變

嗨，你今天過得好嗎？

前幾天我和心理師慢慢來在網路上聊天，我抱怨自己最近忙著寫論文，久坐在書桌前，覺得全身腰痠背痛，問她有沒有認識厲害的推拿師可以介紹給我？結果，她一口氣就推薦了三家按摩店。

「你的身體好，它就會用它的方式給你回報。」她丟下這句話後，就去忙自己的事了。

可惜，我沒有預約到她推薦的王牌按摩師，但我想起她上次說：「好的東西，是值得等待的。」於是，過了一個禮拜，我又再次嘗試預約，這回總算預約成功了。

從那家按摩店回來後，我全身細胞彷彿經過了長長的冬眠後甦醒過來，身體輕盈得好像快要飛上天一樣。

「看樣子，你好像不太習慣對自己的身體好？」慢慢來說。

「對啊，很可能我也不知道什麼才是我的身體想要的。」

「有時候靜下來用心感受你的身體，就會體會到原先所忽略的部分。」她繼續說道：「你知道自己喜歡什麼嗎？你似乎是一個不太確定自己喜歡或不喜歡什麼的人。」

聽她這麼一說，我才發現，自己經常不太了解內心的感覺是什麼。

讓我們來做個練習，請思考一下，你是否經常問自己這樣的問題：

- 我這樣做，別人會怎麼看我？
- 如果他們看到了，會怎麼想？

• 這樣做，我的感覺是什麼？

如果你會問這前兩個問題，比較少問第三個問題，代表你很習慣把攝影機的鏡頭對著別人，很少拿來觀照自己。可是，當你的影片庫裏都是別人的臉孔，很快就會忘記自己的感受。久了之後，你也變得不知道自己喜歡、討厭什麼；你不再感受到難過和疼痛的情緒，用「無感」來面對生活中發生的大小事。

「大師，那我該怎麼辦？」我問慢慢來。

「下次當你猶豫不決，想著別人的感覺的時候，先問問自己：你的感覺怎麼樣？就算你還沒辦法幫自己做出任何決定，但至少已經更靠近了自己一些，可以為這件事感到開心。」

開始做 Podcast 之後，我發現自己有兩個重要的改變。第一個是，喜歡閉著眼睛說話。所以每一次錄節目時，我都是閉上眼睛的。在這樣的過程當中，我好像跟自己更靠近了一點。第二個是，學會在說話速度方面慢下來。以前我討厭講話慢吞吞的人，總覺得是在浪費生命。現在發現，可以調整自己說話的速度，光是這樣的改變，就很棒了。

念博士班一年級的時候，一個敘事治療的老師跟我說，我的人生似乎有一種「急躁」，急著變好，急著讓別人覺得我很重要，急著付出關懷，急著讓個案看見他的改變。可是，這並沒有辦法讓我前進，有些時候，反而會讓我在同一個地方繞圈圈。一邊實習，一邊開始接一些個案之後，慢慢拿捏自己說話的速度，有點像是調音師一樣，透過高低起伏的聲線，和自己，也和個案相處。

我發現，講話速度和聲音高低，是可以透過有意識調整的。原來改變聲音，往往能夠震動心靈。

好好疼惜你自己
因為你值得

感受，是一切的答案

生命最大的悲劇不是經歷痛苦，而是你「無法」再去經歷。當我們沉浸於過去或幻想著未來時，就不算全然活著。

成長教會你否認、逃避、視而不見，讓生活得以「碾」過去。但如果你用疏離成功阻擋痛苦的感受滲入你的生命，時間一久，就會失去感受的能力。所以你總是習慣說「我不知道」、「沒有感覺」，是因為你已經逃離自己的感受太久。

你可以從今天開始，練習問自己：「你的感受是什麼？想要什麼？」如果你可以替自己做一點事，幫一點忙，你覺得你可以向自己「要求」什麼？

解釋，只是會讓我們失去控制感；覺察，會讓我們找回駕馭感。

當你看見自己「正在」做些什麼，而不去解釋或說明你為何這麼做的時候，你終於學會不再替自己辯解。對於過去的失敗和難堪，你總有千百個理由；但你始終有能力讓自己在跌跌撞撞中走到今天，你是怎麼讓自己堅持下去的？

正所謂「覺察帶來選擇，選擇帶來改變」，就算開著保時捷，手握Google map，沒有定位出目前的位置，其實哪裏也去不了的。唯有你開始發現「自己在哪裏」及「正在做什麼」，你才知道自己還有多少選擇，又有哪些路是你遲遲未踏出的？當你終於開始願意看見自己的選擇，改變才會成為可能。

如果從完形治療的角度來看，有時候我們背負著痛苦、記憶或恐懼不放，拒絕去完成、解決，就形成了僵局，常稱為「被卡住」。大道至簡，對治之道就是要活在當下，完全地經驗此刻我是誰，我的感覺如何，我要什麼。

在人生的每一個時刻，我們都有兩個選擇：選擇做自己心中的眞實，或選擇做別人眼中的虛假。你可以試著用經驗取代想法，用冒險取代防衛，用刺激取代慣性，用覺察取代解釋，不再孤立自己。

YouTuber 理科太太在影片中的開場白是：「你今天過得好嗎？」這不只是一句普通的招呼語，也是一種自我覺察的方法。

在許多心理治療的書上都談到要重視自己的感受，我想到一個方法，就是在心裏放一個「理科太太」。每天晚上，你可以問自己：「嗨，你今天過得好嗎？」當作是一天結束之後的自我覺察。或許，你就會慢慢知道自己想要的是什麼。

有次搭火車去彰化上課，當火車開到了樹林站，我從車窗看出去，有棵長得非常茂盛的大樹映入了眼簾，樹上蒼鬱的葉子看起來很有生命力。

一個老伯伯從月台上面經過，陽光灑在樹縫間，也灑在他身上……看著這一幕，我突然領悟到一件事情：人生這麼長，我們可以選擇如何度過這一生。

開心是一天，難過也是一天，不論如何，都比起無感的生活來得好。

倘若狀況允許的話，或許可以試試看旅行。透過旅行，尤其是獨自旅行，你可以沉澱一下自己的心情，和自己展開對話。此外，你可以靠著自己的雙腳試試看能走多遠，期待遇到什麼樣未知的風景。

或許，在這趟旅行結束之後，你的人生會有一個全新的開始。

萬物都有裂縫
那是光照進來的地方
—加拿大詩人歌手・李歐納・柯恩

什麼都不能做的時候，就等待吧！

跟大家分享一個我被看見的故事。我因為耳鳴四處求醫已經一年了，可是還是沒有什麼太多的好轉，各種怪力亂神的方法也都嘗試過了，好像都差不多，沒有太大的轉變，正當我萬念俱灰的時候，遇到了一位醫師。據說是許多人推薦的名醫，我懷抱著姑且一試的心情去找他，沒想到他也抱著「姑且一試」的心情來看我！

一如往常，我把我的治療筆記，還有過去做過哪些事情、有多麼「沒有效」都抱怨了一遍，我以為他會跟我講一個「跟著我這樣做就沒錯了！」

的答案，沒想到他竟然說：「相信你已經嘗試過很多方法，去過很多地方找答案了。如果你在其他地方找不到答案，那麼很可能你在我這裏也找不到答案……」我聽了下巴差點掉下來。但他又和緩地繼續說……

「很多時候我們一直很想要知道問題的解答是什麼，可是不管你多努力，好像都無法改變現狀。這時候我們就要承認自己的有限，只是這個有限很多時候是『很難承認的』，你可能逼迫過自己要接受現狀，可能告訴自己說算了吧，但是過了一段時間又想說，再來改變一下好了，再嘗試看看好了，又繼續心灰意冷、進進退退……好像曾經以為的一些轉變，後來都化成泡影……像這種時候，就會覺得自己很無能、很無助，我也有很多這樣的時候，看到眼前的病人很辛苦，但是卻幫不上他們的忙……」他說，我萬萬沒想到一個看耳鳴這麼有名的醫師，竟然會在我面前繳械投降。

以前我就會覺得，天哪！又浪費我時間，搞了老半天，還不是就那些藥吃來吃去……可是今天不知道為什麼，他講話的方式很柔軟，我突然有一種被理解的感覺。

原來他也能夠了解我的無奈，他也能夠感受到，那種「已經經歷過很多，可是最後還是無能為力」的感覺。他沒有叫我看開，沒有跟我說要怎麼「轉念」，他只說了一件比悲傷更悲傷的事（翻譯起來就是「沒有救」），更沒有告訴我解決的方法，可是不知道為什麼，反而覺得心情舒緩許多。

什麼事都不能做的時候，就等待吧。

等待是辛苦的。可是也正因為等待是辛苦的，它反而提供了一種機會，讓我們重新去思考，在你的生命當中，還有什麼是重要的。

以前，一直不懂所謂的「等待」是什麼意思，直到今天來看病，才突然驚覺，當你等待了一段時間，有一些在你意料之外的事件就會出現。走出診間前，醫師跟我說了一件事。他說他當初會研究耳鳴，是因為他的媽媽長年受耳鳴所苦，可是在他母親過世以前，他都沒能夠幫上母親的忙。我沒有看到他眼角的淚光，但從他的語氣裏面可以感覺到這句話的重量，心中的一塊什麼地方，似乎被觸動了一下。

「萬物都有裂縫，那是光照進來的地方。」（There is a crack in everything. That's how the light gets in.）

——加拿大詩人歌手李歐納・柯恩（Leonard Cohen）

「我們都曾受過傷，才能成為彼此的太陽。」——電影《陽光普照》

以往總是在書上面看到，只有受過傷的人，才有痊癒的可能。想來想去都覺得是屁話，沒受過傷當然不需要痊癒啊！可是隨著時間的沉澱，才發現那些受傷或許都是有意義的，就像是你生命當中的一些缺口，因為有洞，所以光可以照進來。而今天，這個什麼也不能做、什麼也幫不上忙的醫師，竟然成為照進我黑暗洞穴裏的一束光。

你也曾經被身邊的人或者是朋友看到嗎？在那種別人都看不到你的時候，在其他人都叫你想開一點的時候，只有他好好地從你的世界裏面看你，站在你的角度和你一起悲傷。儘管，最後答案並不明朗，可是因為他跟你站在一起，你變得更有力量。因為有他們，你那個充滿潮濕、惡臭、自己都覺得悲哀的洞穴裏，慢慢地被照亮。也因為有他們，你才願意在這個連多走一步都覺得疲累的生活裏，再多待幾分鐘等下一個天亮[1]。把這本書分享給他們、感謝他們，感謝他們曾經，在你生命最黑暗的時刻，看見了你。

---

1 郭靜（Claire Kuo）的成名曲之一〈下一個天亮〉，由姚若龍作詞。

我們都曾受過傷
才能成為彼此的太陽

後記——

「謝謝你在我陷入地獄的時候，沒有放棄我。」前幾天我跟女友小地瓜說，眼淚哭濕了枕頭。有一段很長的時間，我時常在憂慮的地獄裏面徘徊，擔心東擔心西，覺得自己什麼都做不好。

那段時間中，她沒有特別說什麼，也沒有叫我趕快好起來，只是在旁邊靜靜地陪伴，她做她的事情，我操我的心，就這樣，我們度過了幾個寒暑。我不敢說現在的我好一點了，但我真的很感謝她給我一個地方，讓我在那裏待著。

我想起早年四處演講的時候，遇到一位前輩跟我分享他跟一個孩子的故事。這個孩子的家庭非常複雜，父母分開之後，爸爸再娶，一直到十一歲的時候他才知道，原來父親和生母當初並沒有結婚，自己是一個被「領養」的小孩。夾帶著自己來到這個世界上是「不被祝福」的感受，加上他在學校人際關係也不好，好像身邊總是有一股陰鬱的氣場，影子也比別人黯淡了許多。

「他來找我的時候，我幾乎不記得他了，一個大男孩，比我還高一個頭，背著一把吉他，手上拿著一袋鳳梨酥要送我。他跟我說：『老師，謝謝你到最後一刻都沒有放棄我。』我心裏面還在想他到底是誰，他講了以後才想起來，原來他是我十多年前的學生。每次下課他就跑到體育組來，別人是來借籃球、排球，只有他坐在旁邊那張椅子上，一動也不動。

那時我要帶球隊，每天忙到快往生，沒有時間陪他，但他說他沒有地方可以去，我請他待在門口旁邊的那張椅子上面休息，他就這樣從傍晚四、五點，一直坐到球隊練習結束。有時候中午的營養午餐還剩下麵包，辦公室同事會一起訂飲料，我就放在這張椅子上。他一開始都不敢拿，後來開始吃了一點麵包，還分我半塊，問我說：「老師，你要不要吃？」他在體育室裏面度過了高三最後一年，現在在樂團當主唱，脫離父親跟繼母之後，自己在外面打工租房子。或許有些時候那些經歷許多事情的人，只是需要一個不批評他、不貶低他，可以讓他容身的地方。可能只是一塊麵包、一張椅子，或者是一杯飲料。

前輩把我送到車站，和我揮揮手。臨行前，他說：「跟上次見到你相比，這次的你看起來憔悴了許多。要保重身體，好好照顧自己。」那陣子剛好我狀況很不好，聽了他這個故事還有給我的鼓勵，內心百感交集，小心翼翼，微微地仰著頭，不想要讓眼淚掉下來。

可惜靦腆如我，不知道如何表達感情，所以只是在轉身要進火車站的時候跟他說一聲「謝謝」。但其實我心裏面想要說的是：「謝謝你，也在我內心下雨的時候，給我一個位子。」

你的生命當中，也曾經出現這種給你一個位子的人嗎？可能是一下子，也可能是一陣子，他的出現，就像你內心巨大黑暗終端的一個岸，讓你可以稍微休息一下下，欣賞上面隨風搖曳的彼岸花。如果你暫時想不到這個人，那麼也沒關係，因為或許在不知不覺當中，你也扮演了那個體育老師，在器材室門口提供了某個人一張椅子。

那些來不及對前輩說的話，我想在這裏對你說：謝謝你願意讓我在你的生命裏擺放一張椅子，謝謝你願意提供自己一個位置，謝謝你願意和我一起站在這個黑暗的岸，細數記憶裏的困難和燦爛。

謝謝你，海苔熊的生命因為有你，才能走到這裏。以後，或者是以後的以後，可能你我都還會遇到很多事情，可能還是會有灰心喪志的時候，但這些都沒關係，再大的黑暗總有彼岸。

我們可以一起靠岸，準備好了，再出發。

人生顧問 462

因為有黑暗，我們才能在彼此生命裏靠岸

作者　海苔熊
責任編輯　沈敬家
校對　劉素芬
封面設計　任宥騰
內頁排版　江麗姿

總編輯　龔橞甄
董事長　趙政岷
出版者　時報文化出版企業股份有限公司
一〇八一九　臺北市和平西路三段二四〇號四樓
發行專線　（〇二）二三〇六六八四二
讀者服務專線　〇八〇〇二三一七〇五
（〇二）二三〇四七一〇三
讀者服務傳真　（〇二）二三〇四六八五八
郵撥　一九三四四七二四　時報文化出版公司
信箱　一〇八九九　臺北華江橋郵局第 99 信箱
時報悅讀網　www.readingtimes.com.tw
法律顧問　理律法律事務所陳長文律師、李念祖律師
印刷　勁達印刷有限公司
初版一刷　二〇二二年十月二十八日
定價　新台幣四〇〇元（缺頁或破損的書，請寄回更換）

時報文化出版公司成立於一九七五年，
並於一九九九年股票上櫃公開發行，於
二〇〇八年脫離中時集團非屬旺中，以
「尊重智慧與創意的文化事業」為信念。

因為有黑暗，我們才能在彼此生命裏靠岸 / 海苔熊著. -- 初版. -- 臺北市：時報文化出版企業股份有限公司, 2022.10
面；　公分 --（人生顧問；462）

ISBN 978-626-335-972-7（平裝）
1.CST: 家族治療 2.CST: 心理治療

178.8　　111014962

ISBN978-626-335-972-7
Printed in Taiwan